A CORTE E O MUNDO:
UMA HISTÓRIA DO ANO EM QUE A FAMÍLIA REAL PORTUGUESA CHEGOU AO BRASIL

A CORTE E O MUNDO:
UMA HISTÓRIA DO ANO EM QUE A FAMÍLIA REAL PORTUGUESA CHEGOU AO BRASIL

Andréa Slemian
João Paulo G. Pimenta

São Paulo, 2008

Copyright © 2008 Andréa Slemian, João Paulo G. Pimenta

Edição: Joana Monteleone
Assistente editorial: Marília Chaves
Organização da coleção: Andréa Slemian/João Paulo G. Pimenta
Revisão: Carla Bitelli
Projeto gráfico, capa e diagramação: Marília Chaves
Imagem da capa: *O grande monstro que trata S. João no apocalise*. In: Luis Reis
Torgal & João Lourenço Roque. *O Liberalismo (1807-1890)*. Lisboa, Estampa,
[1993]. p. 36-37.

Dados Internacionais de Catalogação na Publicação (CIP)
(Sindicato Nacional dos Editores de Livros, SP, Brasil)

S642m

Slemian, Andréa
 A corte e o mundo: Uma história do ano em que a família real portuguesa chegou
ao Brasil / Andréa Slemian, João Paulo G. Pimenta. - São Paulo : Alameda, 2008.
 192p.
 Inclui bibliografia
 ISBN 978-85-98325-69-9

 1. História moderna - Século XIX. 2. Brasil - História - João VI, 1808-1821. 3. Por-
tugal - Colônias - Século XIX. 4. Europa - História -1789-1815. 5. América Espanhola
- História - Até 1830. 6. Estados Unidos - História - 1783-1865. I. Pimenta, João Paulo
G. (João Paulo Garrido), 1972-. II. Título.

08-1990.	CDD: 909.81	
	CDU: 94(100)"17/18"	
21.05.08 28.05.08		006815

[2008]
Todos os direitos desta edição reservados à
ALAMEDA CASA EDITORIAL
Rua Iperoig, 351. Perdizes
São Paulo – SP
Tel/ Fax (11) 3862-0850
www.alamedaeditorial.com.br

Sumário

Introdução: Um mundo em convulsão	7
1.A Europa de (e contra) Napoleão	15
A ascensão de Napoleão e o reinício da guerra	16
A polarização da guerra e os bloqueios comerciais	22
De aliada a inimiga: a Espanha	30
De neutral a inimigo: Portugal	42
2. A Corte no Rio de Janeiro: um Brasil, uma África	57
A nova sede	62
Políticas de D. João (para o Império) na América	74
O tráfico negreiro: uma África para o Brasil	82
3. A Corte e os outros Brasis	89
Por uma nova prosperidade: Bahia e Minas Gerais	94
Novas articulações em vista: São Paulo, o Rio Grande e o Centro-Oeste	105
O "norte", o Maranhão e o Grão-Pará: onde a Corte é mais longínqua	116
4. A América (ainda) espanhola e os Estados Unidos	129

A América espanhola, realista por toda parte   130

O encontro dos impérios ibéricos: 157
o Rio da Prata

O violento nascimento de um gigante: 163
os Estados Unidos

Considerações finais   169

Bibliografia   171

INTRODUÇÃO
UM MUNDO EM CONVULSÃO

E rugem furacão e vento
Da terra ao mar, do mar à terra,
Formando um vasto encadeamento
Que efeitos sem limite encerra.
Fulgura o raio arrasador
Que do trovão precede a via;
Mas cantam núncios teus, Senhor,
O suave curso de teu dia.
(Goethe, *Fausto* [trad. Jenny Segall])

A grande obra de Goethe começou a ser publicada em 1808, e as palavras acima, pronunciadas pelo arcanjo Miguel logo no começo, bem poderiam ser consideradas uma imagem metafórica do que era o mundo naquele ano. Weimar, a cidade alemã onde o escritor vivia, estava ocupada pelos exércitos franceses de Napoleão Bonaparte, e praticamente toda a Europa e o mundo mediterrânico estavam em guerra. Do outro lado do Atlântico, a América, de norte a sul – onde muitas regiões viviam umbilicalmente ligadas também ao continente africano –, acompanhava com crescente interesse e expectativa o que ocorria no velho continente, e nas áreas de colonização espanhola o império de Madri começava a ruir. Cruzando o oceano, da terra ao mar e do mar à terra, a Família Real portuguesa tentava deixar os trovões para trás e, em busca de dias mais suaves, rumava para o Brasil.

A instalação da rainha de Portugal, do príncipe regente, de seus familiares mais próximos e de funcionários régios no Rio de Janeiro em março de 1808, após uma breve e parcial passagem por Salvador em janeiro, é fato de grande importância na história do Brasil e do Império Português do qual, à época, ele era parte. Mas não só. Todo o mundo ocidental se encontrava, de alguma maneira, envolvido pela guerra, e a invasão francesa na Península Ibérica, que forçara a mudança da sede portuguesa, era apenas mais um dos muitos acontecimentos incríveis daquele ano que atingiu um número enorme de pessoas. Um acontecimento que, em especial, pode ser visto como uma espécie de fio condutor de um processo amplo e complexo que envolve diferentes regiões e sociedades, todas elas parte de um mesmo mundo em convulsão.

Neste livro, o ano de 1808 é, ao mesmo tempo, marco cronológico e tema. Ele é tratado considerando-se não apenas vários Brasis, mas também várias Américas, Áfricas e Europas, lugares onde muita coisa relevante ocorria simultaneamente. Partindo da instalação da Família Real portuguesa no Brasil, propomos narrar outros acontecimentos a ele correlatos, observar regiões por ele afetadas, e com isso tentar compreender o que era o mundo ocidental naquele crucial ano de 1808. Crucial, dentre outros motivos, porque nele começariam a surgir as possibilidades históricas que, pouco depois, culminariam no nascimento de um Brasil politicamente independente e soberano. Mas crucial também para os destinos de outras partes do mundo, de outros povos.

Embora desde muito os estudiosos acadêmicos sejam unânimes em reconhecer que a história da transferência para o Brasil da sede do Império Português não diz respeito apenas às histórias *do Brasil* ou *de Portugal* – histórias essas que em 1808 eram, na verdade, uma só –, é ainda freqüente, mesmo entre os especialistas na matéria, que o restante do mundo seja deixado de lado. Muitas vezes, e a despeito desse reconhecimento, visões acabam por corroborar o tão tradicional e persistente enfoque das "histórias nacionais", em que as coisas parecem ter sentido por que, supostamente, dizem respeito a uma nação específica. Fala-se apenas – e genericamente – *do Brasil*, *de Portugal*, no máximo também *da Europa*, mas dificilmente todas essas coisas encontram-se devidamente tomadas nas suas diversidades internas e integradas em uma única totalidade. E se isso ainda é vício freqüente na produção acadêmica, o que dizer da história produzida, veiculada e consumida por não-especialistas, em livros e revistas de divulgação, na imprensa, nas escolas primárias e secundárias, em livros didáticos, enfim, no saber histórico de nossas sociedades...

Tomemos como exemplo o que ocorre no exato momento em que este livro é editado. O aniversário de duzentos anos da transformação do Rio de Janeiro em sede da monarquia portuguesa se faz, em 2008, em meio a uma verdadeira "febre" de comemorações, rememorações, comentários e tentativas de análise do acontecimento. Historiadores, outros intelectuais, jornalistas e curiosos em geral são chamados publicamente a emitir juízos, "iluminar" aspectos e "esclarecer" significados do ocorrido. Publicações vêm à luz, congressos acadêmicos são realizados, governos investem em eventos laudatórios, e a mídia encontrou um assunto obrigatório. Ainda é cedo para avaliarmos o que de realmente novo sobre 1808 trouxe este 2008, mas já podemos identificar a presença de coisas desencorajadoras: análises rápidas e rasteiras; a prevalência de uma História focada em "grandes personagens", isto é, um tipo de História que os especialistas aprenderam há muito tempo a relativizar; ênfase quase que exclusiva nos acontecimentos do Rio de Janeiro, como se o Brasil de 1808 se reduzisse a ele e, é claro, uma enfadonha insistência em tratar a renovação dos estudos históricos em termos sensacionalistas, bombásticos, "até então pouco conhecidos"... Assim, é fácil sentir a incômoda sensação de que, a despeito de uma conjugação de esforços – alguns dos quais sérios e sinceros –, muito do que agora vem à tona dificilmente escapa de um resultado superficial.

Há muito tempo que, no Brasil, um acontecimento histórico não é evocado de modo tão eloqüente como a mudança da Corte ocorrida naquele ano de 1808. Por que não aproveitar a oportunidade e fazer com que algo tão importante possa ser mais bem compreendido pelas pessoas? Para colaborar com essa positiva tarefa, este livro pretende ser um material acessível não apenas a especialistas mas também aos interessados em geral, cujo gosto pela História nem sempre encontra o devido respeito e correspondência em muita coisa facilmente ao alcance de sua mão (e de seu consumo). No Brasil – mas não só aqui – há uma grande distância que separa o conhecimento acadêmico da história daquele veiculado e consumido fora das universidades e centros de pesquisa. Sem dúvida, parcela significativa dos efeitos negativos decorrentes desse distanciamento se deve à falta de empenho dos especialistas em produzir obras que divulguem, de modo facilmente compreensível, os resultados mais atualizados de suas pesquisas. Obras que devem sempre conjugar a qualidade, o critério e o rigor imprescindíveis a toda boa ciência, mas que ao mesmo tempo atenuem certos padrões formais excessivamente rígidos – como linguagem técnica, citações extensas, críticas e debates internos e pontuais –, dos quais abusam com muita freqüência.

A corte e o mundo: Uma história do ano em que a família real portuguesa chegou ao Brasil representa a continuidade de um esforço anterior, do qual resultou outro livro com o mesmo formato e caráter (*O "nascimento político" do Brasil: origens do Estado e da nação*, de 2003), em que nos esforçamos por traçar as linhas gerais do processo político luso-americano no qual foram criadas as condições para o surgimento, no começo do século XIX, de um Estado e de uma nação brasileiros até então inexistentes. Embora aquele grande tema continue presente, agora a proposta é outra: partindo de um acontecimento-chave – a transferência da Corte portuguesa para o Brasil –, focar a análise em um único ano, alargando-a "horizontalmente", de modo a contemplar uma diversidade de espaços que, de muitas maneiras, estão relacionados com o acontecimento. Diminui-se o período abarcado, aumentam-se os espaços de observação. No fim das contas, um mesmo objetivo: entender uma história do Brasil não como uma história nacional, mas sim mundial. E entender uma história mundial como uma articulação entre fatos e processos diferentes, convergentes ou não, mas sempre articulados uns com os outros.

Tratar as coisas dessa maneira não é, evidentemente, novidade no mundo acadêmico. O enfoque dado à transferência da Corte portuguesa e aos acontecimentos de 1808 adota pressupostos gerais de obras que, de diferentes maneiras e com objetivos específicos, conceberam que o mundo ocidental desde meados dos séculos XV e XVI é um mundo cada vez mais – utilizando uma palavra muito em moda na atualidade, mas nem por isso menos razoável – *globalizado*. Para além de divergências e convergências em torno das características básicas desse processo, convém assinalar que ele obedece a uma lógica comum de encontro e integração entre espaços e tempos distintos, em um movimento sobretudo ocidental, mas que começa a se tornar verdadeiramente global.

Um encontro entre espaços distintos. Pois se em 1808 as guerras napoleônicas atingem a tudo e a todos, cada nação, país, região, grupo social ou político conhece formas próprias de agir e reagir a elas (assim, Bonaparte podia ser um bom aliado para o governo de Washington e um inimigo mortal para o de Londres). Do mesmo modo, cada um deles conhece situações específicas não diretamente relacionadas com as guerras, situações que já existiam antes da expansão francesa ou que foram criadas sem relação com esta (por exemplo, um movimento separatista sérvio nos Bálcãs, uma crise agrícola no México). Mas no final das contas, nada escapa à sua área de influência. Afinal, os homens e mulheres que viviam naquele mundo em convulsão, estivessem em Lisboa, Rio de Janeiro, Paris, Moscou, Luanda ou Recife, compartilhavam a idéia de que Napoleão Bonaparte e seu Império eram continuadores da Revolução Francesa, que em 1789 começara a varrer do mundo ocidental um conjunto de formas políticas, econômicas e sociais que organizavam suas vidas cotidianas. Todos sofriam com essas mudanças, mesmo as percebessem de formas muito distintas.

Um encontro entre tempos distintos. O tempo jamais é vivido pelos homens e mulheres de uma única maneira. Diversos ritmos de vida fazem parte de todo e qualquer indivíduo, de toda e qualquer sociedade. Assim, também os tempos sociais variam em cada lugar. A vida da grande maioria dos madrilenhos, que em 1808 testemunhavam a prisão do rei da Espanha e o início em suas ruas de uma sangrenta guerra contra os franceses, certamente era muito mais conturbada, dinâmica e cheia de incertezas que a dos portugueses do interior da capitania do Maranhão (cujas vidas tinham, claro, outras expectativas e sofrimentos, mas transcorriam de maneira mais lenta e rotineira). No entanto, mesmo a destes últimos não estava imune a transformações, como aquelas que começaram a sentir a partir da instalação da Corte portuguesa no Rio de Janeiro, causada pelos mesmos motivos que levaram a guerra à Espanha.

Desse modo, os acontecimentos de 1808 aqui tratados não apenas são *organizados* em torno de um fio condutor, isto é, a passagem da Corte portuguesa ao Brasil. São também *logicamente dispostos* em condição de observação e análise a partir de um conjunto de denominadores comuns que lhes atribui um sentido de *totalidade*: formas sociais compartilhadas, valores culturais, regimes e práticas políticas, formas de pensar e de transformar o mundo... É isso o que torna possível que o acontecimento que nos guia aqui – outros poderiam ser igualmente escolhidos – possua um caráter transcendente, sendo capaz de reconfigurar, em graus variáveis, cada realidade que o criou, e que dele resulta.

No mundo ocidental, os primeiros anos do século XIX são especiais: os acontecimentos relevantes são muitos, um parece "puxar" o outro, criando um mundo mais coeso e produzindo novas condições históricas de transformação em um processo acelerado, frenético, vivenciado pelos contemporâneos de modo aflitivo, dramático, por vezes esperançoso. As transformações são profundas, mas o combustível das mesmas parece ser, substancialmente, político. Por isso a escolha de uma análise global centrada num acontecimento específico torna-se legítima: o mundo de 1808 é um mundo onde não apenas os processos lentos produzem os acontecimentos mas também onde estes modificam aqueles.

Os quatro capítulos deste livro possuem alguma variação no que diz respeito à natureza dos conteúdos tratados; nem poderia ser de outro modo, já que, contemplando tempos e espaços diferentes – todos agregados em torno de 1808 –, tocam em fenômenos que são distintos entre si. O primeiro capítulo é voltado aos acontecimentos do continente europeu. O cenário é uma Europa toda remexida pela expansão militar francesa, e que encontra na Península Ibérica uma situação, como veremos, especial e decisiva não apenas para Portugal e Brasil. O capítulo 2 enfoca especificamente a nova sede da Corte portuguesa, isto é, o Rio de Janeiro, cuja existência socioeconômica não se desprendia do continente africano, onde portanto os acontecimentos de 1808 também reverberaram. Com isso, deixamos para o capítulo 3 uma panorâmica do que era, naquele ano, os vários "Brasis" portugueses que, se até então não formavam uma unidade política, muito menos nacional, começavam a obedecer uma lógica de desordenamento criativo do estado de coisas vigente que, em um futuro muito próximo, permitiria a concepção de que todas as antigas colônias americanas de Portugal poderiam – e para alguns, deveriam – integrar um mesmo Estado e uma mesma nação. Uma possibilidade que, em 1808, começava lentamente a ser vislumbrada no restante do continente americano, ao qual é dedicado o quarto e último capítulo. Nele, veremos como colônias espanholas começavam a deixar de sê-lo por conta do impedimento da dinastia de Bourbon, cativa de Napoleão, e os Estados Unidos ascendiam ao cenário internacional na condição de potência de primeira grandeza, germinando o protagonismo político, econômico e militar que viriam a ter no mundo atual.

Se as formalidades acadêmicas não cabem em um livro como este, não poderíamos deixar de mencionar, ainda que brevemente, agradecimentos imprescindíveis. A Joana Monteleone e Rodrigo Ricupero, editores da Alameda, que acolheram o projeto da Coleção Passado-Presente, acreditando na divulgação de um conhecimento histórico de qualidade; a Rafael de Bivar Marquese e Regiane Augusto de Mattos, que nos forneceram materiais para a pesquisa, bem como críticas e correções a passagens do texto; e a István Jancsó, nosso mestre, a quem este livro é dedicado.

A Europa de (e contra) Napoleão

O dia 29 de novembro de 1807 trouxe à cidade de Lisboa bons ventos. Por três dias o clima não estivera bom na capital do Império Português, desencorajando a saída de navios da barra do rio Tejo. Agora era diferente. Algumas centenas de pessoas – talvez milhares –, dentre as quais a rainha, o príncipe regente, seus ministros e familiares mais próximos, podiam zarpar com segurança para o Brasil, deixando para trás um temível exército francês, cujo encontro convinha ser evitado. Quando finalmente as forças invasoras entraram na cidade, no dia 30, encontraram moradores ainda perplexos com o que sucedera no dia anterior.

Aos olhos daqueles que puderam testemunhar tais acontecimentos, verdadeiramente notáveis e cheios de conseqüências futuras, a presença de um exército francês em Portugal representava mais um capítulo de um turbulento processo iniciado na França por volta de 1789. Mais especificamente em 1793, quando Luís XVI e Maria Antonieta, rei e rainha da França, foram decapitados, ficando claro que as turbulências daquele país, iniciadas quatro anos antes, eram, de fato, uma profunda e radical revolução. Se os franceses aboliram a monarquia, assassinaram seus até então invioláveis monarcas, propunham a abolição dos privilégios da nobreza e até mesmo a extinção das formas de organização social aristocráticas, do que não seriam capazes quando começassem a "exportar" sua revolução para outros países, conclamando outros povos a seguir seu exemplo?

Desde o início, a Revolução Francesa não era considerada, na Europa, assunto exclusivo dos franceses. E, desde pelo menos as execuções de 1793, a França se empenhava ativa e militarmente para que não fosse assim. Mas é sem dúvida a partir de 1799 que as coisas começam a se agravar, surgindo um cenário no qual a guerra se tornaria, logo depois, condição imprescindível para a sobrevivência daqueles que eram considerados valores e conquistas da Revolução. Doravante, seu principal agente seria um até então pouco conhecido general francês, Napoleão Bonaparte, que vinha colecionando vitórias e derrotas, e que naquele ano começava uma meteórica ascensão rumo ao poder. Um poder mais alto do que qualquer um poderia, naquele momento, conceber, e que logo tocaria em Portugal, no Brasil e em todo o mundo ocidental.

A ascensão de Napoleão e o reinício da guerra

Foi no dia 9 de novembro de 1799 – ou no 18 Brumário do ano VIII, de acordo com o calendário revolucionário francês, instituído a partir de uma idéia de que a Revolução inaugurara não apenas uma nova era mas verdadeiramente um novo mundo – que Napoleão Bonaparte, o abade Sieyès e Roger Ducos lideraram um golpe de Estado. Derrubaram o governo do Diretório e instituíram um novo executivo na França, o Consulado, do qual os três se tornaram chefes ("cônsules"). Por essa época, os golpes de Estado não eram novidade na Europa: desde 1797 foram catorze só na França e nas repúblicas a ela associadas (Batávia, Helvécia, Cisalpina, Romana e Napolitana; nessa época ainda não existiam "Alemanha" e "Itália" como países unificados, e os territórios que hoje correspondem a eles eram de várias pequenas repúblicas e monarquias). Por isso, esse golpe mais recente não chegou a surpreender ninguém, tampouco despertou maiores expectativas. Mesmo que pouco depois uma nova Constituição fosse promulgada –, a quarta desde 1791 –, elevando Bonaparte à condição de "primeiro cônsul" e conferindo-lhe enormes poderes executivos e legislativos.

Em 1801, uma série de tratados políticos e comerciais assinados entre a França e países europeus conseguiram estabelecer um cenário de relativa tranqüilidade, uma paz geral que há tempos não ocorria. Muitos se inclinavam a crer que tais tratados bastariam para confinar a Revolução Francesa aos limites em que ela se encontrava, isto é, a França, alguns países a ela vizinhos e várias partes da península itálica, principalmente porque incluíam acordos entre França e Grã-Bretanha, ou seja, entre as duas grandes potências políticas, econômicas e militares daquela época. Contudo, tais expectativas se mostrariam fantasiosas já em 1802, quando Napoleão confirmou seus amplos e concentrados poderes, estabelecendo um consulado vitalício e ferindo de morte um dos princípios mais caros à Revolução: a abolição do critério de hereditariedade para cargos políticos, que agora voltava a valer. Logo em seguida, Napoleão colocaria suas vistas aos assuntos internos de Estados alemães e italianos, neles interferindo de várias maneiras: fez-se eleger, ele próprio, presidente da República Cisalpina, transformado-a em uma "República Italiana" com a idéia de que outras italianas dela fizessem parte, e todas se submetessem à França. Também em 1802, o Piemonte foi anexado, um governo francês foi colocado no ducado de Parma (que seria oficialmente anexado em 1808, três anos depois da resistente República de Gênova), bem como controlados os governos das repúblicas alemãs da Helvécia e da Batávia.

Ainda em 1802, Napoleão se meteria em uma fracassada guerra de reconquista da antiga colônia francesa de Saint-Domingue, outrora grande exportadora mundial de açúcar, e que desde o violento levante de escravos e ex-escravos contra os colonos brancos ocorrido em 1791, deixara, na prática, de ser uma colônia. O movimento de 1791 fora diretamente inspirado pela Revolução Francesa, mas isso não impedia que Napoleão projetasse, mais do que a recuperação da produção local de um gênero de alto valor comercial, a reconquista de uma região que despontava como estratégica no novo cenário de guerra que se delineava (veremos isso melhor adiante). Mesmo com a prisão de seu grande líder, Toussaint L'Ouverture, o governo "negro" e independente de Saint-Domingue bateu as forças francesas de Leclerc (em 1804 Saint-Domingue proclamaria oficialmente sua independência, com a formação da República do Haiti) e mostrou ao mundo que Bonaparte voltara a praticar uma política externa agressiva contra outros países. Até que, em 13 de maio de 1803, tendo por pretexto ameaças francesas sobre a ilha de Malta, no mediterrâneo, Grã-Bretanha e França romperam relações. Era o reinício da guerra.

Em meio ao conflito com a "rainha dos mares", Napoleão extinguiu o Consulado e, em 1804, proclamou um Império do qual, evidentemente, seria ele o imperador. Para tanto, buscou duas formas de legitimar a brutal concentração de poderes que promovia, em benefício próprio. Curiosamente, duas formas que obedeciam a fundamentos políticos diametralmente opostos. Em primeiro lugar, e seguindo uma lógica republicana e revolucionária, submeteu a criação do Império a um referendo popular, no qual a imensa maioria dos oposicionistas se absteve de participar, e no qual a imensa maioria dos franceses participantes disse "sim". Em segundo lugar, recorrendo a uma prática típica de regimes monárquicos tradicionais, arrumou uma cerimônia oficial, cheia de rituais e pompa, na qual obrigou o papa a coroá-lo imperador, no dia 2 de dezembro. A partir daí, criou uma nova dinastia: a dos Bonaparte. Estabeleceu, com isso, que ele próprio seria uma figura semidivina, detentora da soberania em nome da nação, que com sua morte seria sucedido por alguém de sua família (que se tornara uma "família real"), que a França deixava de vez de ser uma república para voltar a ser uma monarquia, com títulos e privilégios de nobreza (em 1808 esses títulos seriam regulamentados pelo decreto de 1º de março, que criou a "Nobreza Imperial", com os títulos de príncipes, altezas sereníssimas, duques, condes, barões e cavaleiros, todos hereditários).

Com a criação do Império, a Revolução Francesa ia sendo bastante alterada em seus princípios, levando a uma ordem na qual a expansão política, econômica e militar da França torna-se o elemento central de uma nova Europa e de um novo ocidente. É a partir dele que começam a surgir os elementos que nos permitem compreender os acontecimentos de 1808.

O continente europeu era, por essa época, um cenário de grande instabilidade política. No geral, predominavam os Estados monárquicos, mas vários já tinham adotado regimes republicanos. As economias eram ainda fortemente agrícolas, com focos de industrialização concentrados na Inglaterra; o trabalho assalariado dominava, e a servidão, embora fosse ainda largamente empregada sobretudo na Europa a leste do rio Reno, já se encontrava em declínio (em 1807, seria abolida na Prússia e no ducado de Varsóvia; em 1808, seria abolida na Baviera, no reino de Westfália e nos grão-ducados de Berg e Frankfurt). As maiores concentrações populacionais estavam, contudo, nos principais centros urbanos: Londres, Paris, São Petersburgo, Milão, Berlim, Madri, Istambul... A guerra entre França e Grã-Bretanha, iniciada em 1803, envolverá praticamente todos os países, e esses centros urbanos serão espaços decisivos de conquistas, resistências, acordos e conflitos. É importante, contudo, ter em mente que, embora o ciclo de guerras reaberto em 1803 – e que se estenderá, grosso modo, até a derrota final de Napoleão, em 1815 – possa ser caracterizado como uma espécie de "guerra mundial", na medida que, a partir das definições européias, também partes da África, Ásia e América foram de muitas maneiras envolvidas nos conflitos, as escalas desse mundo em convulsão são muito diferentes das atuais.

Tomemos como exemplo as escalas populacionais. A Europa do começo do século XIX era mais densamente povoada do que era cem ou duzentos anos antes, mas muitíssimo menos do que é hoje. No qüinqüênio 1800-1804, a Rússia era o país mais populoso, com cerca de 35 milhões de habitantes (hoje tem cerca de 142 milhões); a França vinha em seguida, com 28 milhões (hoje tem 65). A Espanha tinha 12 milhões (hoje tem 45), a Inglaterra,

11 milhões (hoje tem 60), a Prússia, 10 milhões (perderá metade com a partilha de seu território pelo tratado de Tilsit, em 1807), e Portugal, apenas 3 milhões (hoje tem aproximadamente 12). Assim, uma "guerra mundial" travada no início do século XIX seria, sob muitos aspectos, muito diferente do que um conflito como, por exemplo, a Primeira Guerra Mundial (1914-1918): menos sofisticada em suas formas de matar gente, menos destrutiva, menos mortífera, menos abrangente em termos geográficos e humanos. Mas mesmo assim, seria uma guerra de profundas implicações para todos os nela envolvidos.

Levando adiante seus planos para a "República Italiana", Napoleão transformou-a, em 1805, no Reino da Itália, para ele próprio ser o rei, e as repúblicas de Lucca e Piombino viraram principados, compondo o reino da Etrúria, governado por sua irmã Elisa. Como contrapartida à ofensiva francesa, que contava com o apoio da já tradicional aliada Espanha, Grã-Bretanha e Rússia estabeleceram uma aliança formal, à qual aderiram também Áustria, reino de Nápoles e Suécia. Ficavam assim definidos os dois blocos de alianças de uma guerra que teria, já em 1805, dois episódios decisivos. No mar, a esquadra francesa chegou a tentar uma concentração de forças no Caribe colonial para despistar a marinha britânica que, se desguarnecesse o Canal da Mancha, poderia abrir flanco para a invasão francesa da Grã-Bretanha e a conquista de Londres; no entanto, a poderosa armada britânica, comandada pelo experiente almirante Nelson, não mordeu totalmente a isca, e logrou uma estrondosa vitória sobre as forças franco-espanholas em Trafalgar, próxima a Cádiz (Espanha), em 20 de outubro. Em terra, Napoleão conseguiria uma compensação. Após ocupar Viena, capital da Áustria, o exército francês obteve uma decisiva vitória sobre austríacos e russos em Austerlitz, em 2 de dezembro, que lhe garantiria o domínio quase total da Europa centro-sul.

Após Austerlitz, Napoleão continuou sua ofensiva no continente. Em 1806 destituiu o governo da Holanda, doravante confiado a seu irmão Luís, o que garantia à França uma fronteira segura ao norte.

Ao mesmo tempo, a criação da Confederação do Reno – tendo o próprio Napoleão como protetor –, permitiria uma união política entre todos os países germânicos que se encontravam sob influência ou domínio francês, liquidando de vez uma história de mil anos do agora combalido Sacro Império Romano-Germânico, e criou condições favoráveis à extensão do poderio francês na Europa central. As batalhas de Jena e Auerstädt (14 de outubro) resultaram em estrondosa vitória francesa sobre os exércitos da Prússia e levaram, duas semanas depois, a uma fácil conquista de Berlim. No entanto, penetrando pela Prússia oriental em direção ao Império Russo, os franceses foram contidos por um inverno rigoroso, por um terreno inóspito com o qual não estavam habituados, e por forças russas e prussianas (pelo menos o que restara delas) em dois encontros terrivelmente sangrentos e que terminaram empatados: Eylau (8 de fevereiro) e Friedland (20 de abril de 1807).

Os empates na Prússia oriental seriam paradigmáticos de um certo equilíbrio de poderes que a Europa conheceria ao longo do ano de 1807; um equilíbrio que, ao mesmo tempo, cristalizaria a posição da Grã-Bretanha como a única potência verdadeiramente capaz de liderar a guerra contra a França. Um momento decisivo nessa configuração viria entre os meses de junho e julho, quando França e Rússia assinaram os acordos de paz de Tilsit, esboçando uma aliança circunstancial que carregava consigo também a Prússia e a Dinamarca. O czar russo não se tornara, de modo algum, um aliado incondicional de Napoleão; apenas reconhecia, em uma reciprocidade, o poder do inimigo, de modo que naquele momento se tornara recomendável se entender com ele em vez de enfrentá-lo novamente nos campos de batalha. Os acordos de Tilsit estabeleciam – ao menos no papel – uma espécie de partilha da Europa em duas grandes zonas de influência, uma francesa e outra russa, tendo por linha divisória o rio Vístula (que cruza a atual Polônia). Subjacente a este acordo estava a crença de que o poderio britânico não era considerável, ou poderia facilmente ser derrotado; do mesmo modo a necessidade da adoção de medidas práticas que o isolassem de vez.

A polarização da guerra e os bloqueios comerciais

Conforme vimos anteriormente, desde o reinício das hostilidades entre França e Grã-Bretanha, em 1803, a guerra se fazia também nos mares. No entanto, suas armas não se restringiam a navios, tripulantes e canhões: os bloqueios comerciais eram uma forma muito eficaz de, em meio a uma competição ao mesmo tempo militar, política e econômica, enfraquecer e derrotar um rival. A competição era acirrada desde há muito tempo, quando a economia européia começara a se expandir e conquistar mercados fornecedores e consumidores em outros continentes via a montagem de impérios coloniais, e quando as metrópoles tentavam garantir para si a exclusividade do comércio de uma determinada região (os monopólios). Agora, no começo do século XIX, o industrialismo inglês e a crescente derrocada dos monopólios conferiam a essa competição novas cores, tornando-a mais complexa e, em muitos sentidos, também mais intensa; mantinham, porém, a importância da guerra comercial.

Logo em 1803, Napoleão decretou a proibição da entrada de manufaturas e produtos coloniais britânicos na França. Em resposta, a Grã-Bretanha começou a impor sucessivas proibições de atividade comercial francesa em portos do Império Britânico, e até mesmo o bloqueio de portos da França e de seu Império: as embocaduras dos rios Elba e Weser (norte da atual Alemanha) em 1803; todos os portos franceses do Mar do Norte e do canal da Mancha em 1804; e as embocaduras dos rios Ems e Trave (também na atual Alemanha) em 1806. Em nova resposta, Napoleão decretou em Berlim, no dia 21 de novembro de 1806, uma ampla proibição de entrada de gêneros e produtos britânicos – por navios britânicos ou não – em todos os portos da Europa continental. A medida ficaria conhecida pelo próprio termo utilizado pelo imperador francês para designá-la: bloqueio continental.

O bloqueio continental era uma medida muito mais dura do que todas as outras anteriormente impostas pelos governos de Paris e Londres. De acordo com suas estipulações, todo e qualquer país que comercializasse com a Grã-Bretanha seria automaticamente considerado inimigo do Império Francês. Para tentar pressionar os países europeus a não aderirem ao bloqueio, a Grã-Bretanha estendeu a todos os portos europeus o fechamento ao comércio francês, salvo as embarcações que recebessem, expressamente, um certificado de autorização britânica. Esse certificado seria emitido na própria Grã-Bretanha ou em seus navios em trânsito pelos mares, e implicava o pagamento de um imposto. Em dezembro de 1807, Napoleão respondeu com a declaração de que seria considerada "britânica" – portanto inimiga – toda e qualquer embarcação que tivesse tocado na ilha ou travado contato com suas embarcações. Diante de tantas pressões de lado a lado, e que via guerra comercial polarizavam a própria guerra em si entre aliados da França e da Grã-Bretanha, o contrabando começou a correr solto, tentando furar um ou outro bloqueio.

Aderiram ao bloqueio continental francês a Espanha, o Reino da Itália, o Reino da Etrúria, a Confederação do Reno, a Suíça, a Holanda, a Dinamarca, a Prússia e a Rússia. Sua abrangência aumentaria ainda mais ao longo de 1808, com a expansão do domínio napoleônico sobre a península itálica. Em janeiro daquele ano, foram invadidos os estados pontifícios, neutralizando o comércio britânico em Civitavecchia e levando à ocupação de Roma em 2 de fevereiro e ao estabelecimento de uma tensa relação entre Napoleão e o papa, tendendo a uma submissão deste àquele. Em 15 de março, a Toscana – cujo porto de Livorno fora fechado ao comércio britânico já no final ano anterior – foi anexada à Etrúria, bem como o ducado de Parma, em 24 de maio. Para o Reino da Itália foram destinadas Ancona – que também fora porto de comércio britânico – e Marcas, em 11 de maio, e Urbino, em 22 de maio.

Vale a pena ler uma proclamação oficial dirigida ao novo governo francês da Toscana. Ela foi redigida em nome de Napoleão por um conselho de governo instalado na cidade francesa de Baiona (mais adiante trataremos disso), no dia 12 de maio de 1808. Suas palavras nos dão uma boa amostra das dificuldades que a expansão francesa encontrava na Europa, tendo que lidar com sociedades, regiões e tradições muito diferentes entre si. A tentativa geral é de convencer os toscanos de que se formava uma união de propósitos e interesses recíprocos, não se tratando de uma dominação ou conquista. Por um lado, isso condizia bem com um discurso típico da Revolução Francesa, que ainda ecoava no Império, e que falava em nome de uma "Grande Nação" ou "Grande Família"; por outro, trazia forte uma imagem de Napoleão como um "herói", "pai" e "protetor" dos povos, muito à semelhança dos antigos monarcas franceses. Por fim, vale destacar também a tentativa de valorizar a Toscana como terra de habitantes e de um passado ilustres, e que deveriam ser respeitados:

Toscanos! S. M. o Imperador foi servido conferir-vos a honra de sereis adotados à Grande Família, e de vos unir ao destino do Império, formado pelo seu gênio. Napoleão, o Grande, vos adota para seus filhos, e os franceses vos saúdam como irmãos. Esta adoção vos promete todos os efeitos dos benéficos cuidados de nosso ilustre Imperador – o protetor da Religião e da moral. Vós sereis agora felizes [...]. Vós restabelecereis à Toscana, o país natal de Dante, Galileu e Miquelângelo, a Atenas da Itália, aquele esplendor que em outro tempo lhe conferiram as belas letras, as artes e as ciências de que foi o berço na Europa moderna. Como delegados do maior dos Heróis e dos Soberanos, o nosso primeiro desejo é merecer a vossa afeição [...]. Toscanos! Vós sois bons, virtuosos e leais. O Imperador vos conhece e vos estima. Ponde nele a vossa confiança. Imponha-se silêncio aos homens violentos de todos os partidos, e destruam-se suas absurdas esperanças. Unam-se os valorosos, os sábios e os imparciais de todas as classes, e bem como em todas as mais partes da França, tenham uma só alma e um só coração.

É com este comportamento que vos fareis dignos de ser filhos de Napoleão (*Correio Brasiliense*, I, 08/1808).

A guerra de bloqueios atribuía grande importância a toda e qualquer região da Europa em que pudessem ser praticadas atividades comerciais, mesmo que até então tais regiões fossem destituídas de um caráter político central, ou que os países dos quais faziam parte fossem forças secundárias. De certa forma, pode-se dizer que esse tipo de guerra unificou toda a Europa e o mundo mediterrâneo, de modo que a expansão do Império Francês diria respeito a todas as suas partes, bem como a busca britânica de válvulas de escape para o seu poderoso comércio marítimo. Daí a importância do Império Otomano.

No mesmo ano em que ocorrera a Revolução Francesa (1789), ascendera ao trono de Istambul Selim III, mais um dos sultões otomanos empenhados em reformar um império multiétnico e cheio de fissuras internas. Mais do que seus antecessores, porém, Selim III era bastante aberto a influências e exemplos vindos da Europa, onde admirava, sobretudo, Luís XVI e a França, não mudando de posição nem mesmo após a Revolução. Embora suas reformas fossem algo superficiais, concentradas principalmente em melhoramentos militares e navais, não mexendo, portanto, em estruturas sociais, econômicas ou políticas, as resistências a seu governo sempre foram fortes, tanto da parte de grupos tradicionalistas quanto de separatistas. Dentre estes, os pontos mais importantes estavam nas regiões da Anatólia, da Península Arábica e dos Balcãs.

As guerras européias bateriam em cheio no Império Otomano. Diante delas, o Império manter-se-ia neutral durante toda a década de 1790, uma posição que se tornaria muito difícil de sustentar face à crescente polarização do conflito entre França e Grã-Bretanha, e uma das formas encontradas para pressionar o governo de Istambul a abandonar a neutralidade era justamente fomentar os movimentos separatistas. Quando em 1798 Bonaparte chefiou uma expedição militar ao norte da África, Selim III se viu obrigado a firmar aliança com Grã-Bretanha e Rússia contra a França. Nessa ocasião, porém, a Rússia começaria a ser mais incisiva em relação às suas tradicionais pretensões sobre territórios otomanos no mar Adriático, ilhas Jônicas e Bálcãs. Com a reabertura da guerra em 1803, Selim III pôde contar, de início, com a proteção britânica, em contrapartida à abertura do comércio em seus portos, mas dada a extensão de seus territórios na Europa do leste e Ásia, teve que carregar também uma perigosa "proteção" russa. Assim, quando entre 1803 e 1805 teve lugar uma revolta separatista entre os sérvios (pois também eles já foram separatistas...), o Império estava bastante fragilizado, e o rompimento formal de Napoleão com Selim, em dezembro de 1805, aumentou a dependência do Império Otomano em relação à Rússia. No entanto, com a chegada a Istambul das notícias da vitória francesa em Austerlitz, que levara o Império Francês até fronteiras otomanas na Europa, o sultão se reaproximou de Napoleão, reconhecendo-o como aliado em fevereiro de 1805. Com a aproximação entre França e Rússia, em 1807, esta passou a ajudar diretamente os separatistas sérvios, de modo que naquele ano a pressão sobre o governo de Istambul era tripla: da Rússia, da França e da Grã-Bretanha.

Em 29 de maio de 1807, Selim foi derrubado do poder e preso, a partir de um levante militar iniciado em Büyükdere (Estreito de Bósforo), e que rapidamente angariou apoio de setores tradicionais e anti-reformistas de um império multiétnico e cheio de tensões internas. Pelo tratado de Slobosia, assinado em 21 de março de 1808, seu sucessor (e primo) Mustafá IV assinou a paz com a Rússia, sem conseguir, no entanto, que o czar Alexandre o cumprisse totalmente: os territórios da Moldávia e Valáquia continuaram ocupados pela Rússia, e os separatistas sérvios permeneceram a receber apoio. O ano de 1808 conheceria novas turbulências: o mesmo líder militar que liderara o golpe a Selim III, Kabakçi Mustafá, tentou reconduzi-lo ao poder; o assassinato do antigo sultão, em 27 de julho, frustrou os planos apenas parcialmente, já que os conspiradores conseguiram derrubar Mustafá IV e substituí-lo pelo príncipe Mahmut.

No começo do século XIX, a turbulenta história do Império Otomano era acompanhada com profundo interesse não apenas por governantes, militares e comerciantes de olho nas vantagens que sua fragmentação poderia lhes trazer. De modo geral, o seu colapso parecia iminente. Em setembro de 1808, o *Correio Brasiliense*, periódico editado em Londres especialmente voltado aos assuntos do mundo português, noticiava que aquele império "oferece nova catástrofe havendo o Sultão sido assassinado, e seu irmão Mustafá posto em seu lugar. Aquele Império toca já a meta de sua ruína, e talvez a sua sorte estivesse decidida a este momento se os negócios do Sul da Europa tivessem deixado aos Franceses em mais descanso". Quatro meses depois, seus leitores eram informados de que ele "acaba de sofrer outra revolução, cuja extensão ainda não é conhecida", da qual "concluem alguns que a Turquia será em pouco tempo desmembrada; mas estas revoluções são tão comuns naquela forma de governo que não parece influírem de modo algum nos negócios públicos; é, porém, certíssimo, por muitos outros sintomas, que aquele estado toca a meta de sua ruína".

Assim, era impossível que o combalido Império Otomano oferecesse vantagens comerciais à Grã-Bretanha, que se via dia a dia em situação mais complicada por conta do bloqueio continental. Na Europa, o que lhe restava efetivamente eram a Suécia, cujo porto de Gotemburgo estava rodeado de aliados da França, e a ilha de Malta, no mediterrâneo, praticamente isolada. A situação britânica também não era amortizada do outro lado do Atlântico, onde suas forças não lograram uma conquista efetiva dos portos coloniais hispano-americanos de Montevidéu e Buenos Aires, de onde foram expulsos por milícias locais em duas ocasiões (1806 e 1807), e onde os Estados Unidos esboçavam uma aproximação com a França (materializada na compra, por estes, do território francês da Louisiana, em 1803) e ofereciam cada vez mais entraves ao comércio britânico. Restava-lhe o Canadá, ainda colônia, e que exportava à Grã-Bretanha madeira, um gênero importante em tempos de guerra, pois era usado na construção de barcos.

O ano de 1808 foi terrível para a economia britânica. No primeiro semestre, suas exportações – que incluíam gêneros como café, açúcar, aguardentes, algodão, lãs, produtos de metalurgia – caíram 60% em relação ao mesmo período do ano anterior. Em toda a ilha houve aumento sensível do desemprego, baixas de salários, superprodução, estoques ociosos e, claro, fortes prejuízos para produtores e comerciantes. Em maio e junho de 1808 eclodiram movimentos coletivos em Manchester e Lancashire que, diante da situação geral, pediam a paz com a França.

No entanto, em se tratando de uma potência de primeira grandeza a despeito de suas dificuldades momentâneas, a Grã-Bretanha procurou reagir. Nessa direção, os anos de 1807 e 1808 conhecem o estabelecimento de um amplo consenso entre seus setores dirigentes em torno da necessidade de abolição do tráfico de escravos como meio de fortalecer uma nova ordem econômica da qual ela seria a líder mundial. Uma ordem incompatível com monopólios, fundada no livre-cambismo, no industrialismo e no trabalho livre, e que só poderia prosperar se irradiada para além do mundo europeu. Já desde fins do século XVIII as idéias abolicionistas circulavam, cresciam e ganhavam a opinião pública britânica, de modo que, durante o reinado de George III nos primeiros anos do século XIX, elas encontraram forte aceitação entre políticos, comerciantes e classe média. A nobreza seria cooptada na medida certa graças ao empenho do primeiro-ministro Grenville e do ministro de assuntos estrangeiros Fox, que conseguiram a aprovação da proibição, ampla e irrestrita, do comércio de escravos no Império Britânico e em qualquer parte por qualquer embarcação britânica, nas duas câmaras legislativas britânicas: a dos Lordes (por 100 votos contra 36) e a dos Comuns (por 283 votos contra 16). A lei começou a vigorar em 1º de janeiro de 1808.

Segundo o historiador Robin Blackburn, a proibição do comércio de escravos ajudaria a Grã-Bretanha não somente em termos econômicos: com a medida, "a autoconfiança da classe dominante foi incentivada e pelo menos algo da onda de patriotismo democrático evidente em 1804-1806 atrelava-se ao esforço de guerra". Para ele, embora os parlamentares britânicos fossem "homens severos e nada compassivos, que mostravam pouca sensibilidade para com a difícil situação dos rendeiros irlandeses ou dos miseráveis aprendizes ingleses que toleravam o alistamento forçado e açoitamentos impiedosos na Marinha Real", "o apoio oficial à abolição permitiu aos governantes da Grã-Bretanha identificar-se com um objetivo universal", de modo a crerem que "o tráfico era um mal sem precedentes nem necessidade e que ao decidir contra ele o Parlamento britânico elevar-se-ia perante os olhos do mundo" (Blackburn: 2002, p. 336-337). O abolicionismo britânico, portanto, que tão diretamente afetaria tantas realidades ao redor do mundo no começo do século XIX (inclusive, como veremos no próximo capítulo, a do Brasil e do Império Português), teria menos que ver com uma consciência humanista do que com interesses político-econômicos em uma situação de guerra contra o poderoso Império Francês.

Tanto isso é verdade que o começo do século XIX assinalou, em meio às tentativas de recuperação do abalado poderio britânico, uma expansão territorial do Império de Londres, que se consagraria, poucas décadas depois, como o maior e mais poderoso da história da humanidade. No período de que aqui tratamos, a Grã-Bretanha adquiriu várias novas possessões na América e África: Curaçao, tomada das mãos da Holanda (1807), as Índias Ocidentais dinamarquesas (1807), Serra Leoa, que já era britânica, mas foi oficializada como colônia (1807) e as colônias francesas de Marie-Galante e Desiderade (1808), Martinica e Senegal (1809) e

Guadalupe (1810), esta última quando o império já se encontrava em franca expansão mundial.

Ora, era natural que, se a Europa se fechava ao seu comércio – e só poderia ser reaberta pela força militar –, restava à Grã-Bretanha voltar-se, cada vez mais, para outros continentes, expandindo seu já importante império. Para tanto, era fundamental que suas pressões fossem mais fortes do que as francesas, quando ambas se encontravam em uma região da Europa que contava com dois países fracos politicamente, mas ainda detentores de grandes impérios coloniais ultramarinos: a Península Ibérica. Nela, a Espanha desde tempos estava com a França, mas Portugal insistia em manter-se neutral. Muito em breve, as duas posições mudariam, e a sorte da guerra também.

De aliada a inimiga: a Espanha

Durante quase todo o século XVIII, a Espanha tinha sido uma aliada da França ou, no mínimo, um Estado tendencialmente amigo. A própria dinastia reinante na Espanha desde 1713, a dos Bourbons, era de origem francesa. Também durante boa parte do século a Espanha teve conflitos com Portugal, muitos dos quais transportados para as terras coloniais do continente americano. Após a Revolução de 1789, a Espanha – como quase todo mundo – levou algum tempo para perceber a ameaça que o movimento da França representava para os governos monárquicos europeus, e entre 1793 e 1795 os dois países estiveram em guerra. Em 1796, estabeleceram um tratado de aliança.

As animosidades com Portugal foram renovadas em 1801, quando um curto episódio, que ficaria conhecido como Guerra das Laranjas, seguiu a lógica tradicional de envolver territórios ibéricos tanto na Europa como na América. Com o apoio da França, a Espanha declarou guerra a Portugal em 27 de fevereiro de 1801, e em 20 de maio seus exércitos ocuparam as praças portuguesas de Olivença e Juromenha; dez dias depois ocuparam

Portalegre, e em 2 de junho Castelo de Vide. Em contrapartida, uma armada luso-americana recebeu ordens do príncipe regente D. João de conquistar a região das Missões Orientais, no sul da América meridional e fronteira entre o Brasil e o Vice-Reino do Rio da Prata. Em 6 de junho de 1801, Portugal, Espanha e França assinaram a paz em Badajoz (ratificada em Madri, em 29 de setembro de 1801). Sem grandes conseqüências militares, o conflito reiterava a indisposição recíproca entre os países ibéricos, que procuravam obter, pela força, territórios que lhes garantisse posições favoráveis em futuras negociações O que era recomendado pelas convulsões européias.

Mas com a Guerra das Laranjas França e Espanha tentavam também forçar Portugal a abandonar sua persistente neutralidade, o que não ocorreu mesmo após o reinício da guerra européia em 1803 e uma nova aliança franco-espanhola (por meio de dois tratados firmados em dezembro de 1804 e janeiro de 1805). Tal aliança, que pretendia disponibilizar à França um apoio marítimo para enfrentar a poderosa marinha de guerra britânica, e sofreria um duro golpe com a batalha de Trafalgar, de todo modo implicava, em termos reais, que a guerra agora era verdadeiramente global, e que os outros continentes, onde havia colônias européias, deveriam ser palcos acessórios a ela. O que tornava a neutralidade portuguesa ainda mais difícil de sustentar.

Desde 1801 o governo da Espanha era, na prática, controlado pelo primeiro-ministro Manuel Godoy (que já exercera o cargo entre 1792 e 1797), pró-francês, com fama de bajulador e subserviente a Napoleão, e, ainda por cima, amante da esposa do rei Carlos IV, Maria Luísa. Com tudo isso, Godoy era muito impopular, o que gerava oposições dentro e fora dos muros palacianos. A principal delas era a do próprio primogênito de Carlos IV, o príncipe de Astúrias, Fernando (futuro Fernando VII), que em 1806 começou a tramar pela deposição do ministro. A historiografia parece unânime em reconhecer na presença política e no papel desempenhado por Godoy junto à Corte bourbônica uma das determinações fundamentais para que coisas incríveis se sucedessem com a Espanha e seu império a partir do recrudescimento da guerra européia, sobretudo entre os anos de 1807 e 1808.

Godoy e Napoleão vinham negociando a conquista e partilha do território português desde 1804, mas só chegaram a formalizar um acordo nessa direção pelo tratado de Fontainebleu, assinado em 27 de outubro de 1807. Por ele, previa-se a utilização do território espanhol por parte de tropas francesas que subsidiariam a conquista de Portugal, após a qual este teria seu território repartido em três: a parte do sul, que compreendia o Alentejo e o Algarve, viraria uma possessão de Godoy; a parte do norte, correspondente ao Douro e Minho, onde estava a cidade do Porto, seria entregue à irmã de Bonaparte como parte do Reino da Etrúria; e o centro do país, com as regiões de Trás-os-Montes, Beira e Estremadura e que incluía Lisboa, segundo o artigo III do tratado, "ficarão por dispor até que haja uma paz, então se disporá delas segundo as circunstâncias, e segundo o que se concordar entre as duas partes contratantes" (*Correio Brasiliense* I, 10/1808).

Enquanto o exército francês iniciava sua marcha consentida pelo território espanhol, Carlos IV mantinha preso seu próprio filho Fernando, junto com alguns de seus partidários, detidos um dia após a assinatura do tratado de Fontainebleu. Embora pai e filho se reconciliassem pouco depois, quando Fernando foi posto em liberdade (5 de novembro de 1807), o saldo do episódio era uma sensível piora da imagem pública do rei e principalmente de Godoy, bem como um enorme aumento da popularidade do príncipe Fernando, que por todo o Império passava a ser portador das esperanças de regenerar uma dinastia corrompida, com muita gente esperando que ele assumisse logo o trono que lhe era destinado (conforme veremos no capítulo 4, são essas expectativas que explicarão a força das declarações de lealdade a Fernando em 1808 por toda a América espanhola, quando já tinha sido aclamado rei, mas estava impedido de reinar).

O envolvimento da França na Península Ibérica começava a mostrar o seu preço. Aos olhos de Napoleão, para quem, conforme vimos antes, era imprescindível o apoio das populações das regiões conquistadas, bem como o reconhecimento do Império Francês como uma entidade libertadora, o até então confiável Godoy se tornava excessivamente comprometedor; da mesma forma, os problemas internos da Família Real espanhola iam ficando muito complicados, difíceis de se lidar. A aliança entre Espanha e França rumava decididamente em direção à dominação da mais fraca pela mais forte. Em fins de 1807, a imprensa francesa, controlada por Napoleão, iniciou uma campanha de descrédito público de Carlos IV e da casa de Bourbon, sendo parte de uma estratégia de derrubada da mesma e de conquista efetiva do território espanhol. Nele, os exércitos franceses já se faziam presentes desde outubro, e no mês seguinte chegariam a Portugal (onde a Corte zarparia para o Brasil um dia antes da conquista de Lisboa). Buscando reorganizar suas forças, Napoleão nomeou seu cunhado Joachim Murat para o novo comando militar da Espanha, em 20 de fevereiro. Seria ele o chefe da ocupação do país, iniciada poucos dias antes com a conquista de Pamplona (16 de fevereiro) e prosseguida com a de Barcelona (28 de fevereiro). Agora os franceses eram, definitivamente, *invasores*, e não *aliados*, da Espanha.

A crise na Espanha chega ao seu auge, e os acontecimentos se sucedem de modo frenético. Em 16 de março, Carlos IV soltou uma declaração pública tentando acalmar os ânimos dos espanhóis, inquietos por causa da circulação de boatos de que Napoleão conseguira se entender com o príncipe Fernando, de que a Família Real espanhola estaria prestes a abandonar a Europa e fugir para a América, e de que Godoy iria para o México para se tornar imperador. Um relato popular dessa época, registrado textualmente, nos oferece uma das versões desses boatos que, apesar de hoje em dia soarem absurdos, mexiam com a cabeça das pessoas, e pareciam verossímeis por serem veiculados em uma época de muitas e diversas possibilidades abertas por um tempo em profunda transformação. "Para realizar este plano perverso", o odiado Godoy, "deu todas as ordens necessárias ao seu objetivo. Divide seu volumoso tesouro nos Bancos da Europa [...], ordena que o exército que estava em Portugal [...] fosse rapidamente para Toledo e distrair o exército francês, fazendo-lhe oposição, e negocia tanto com esse exército como com as tropas inglesas e argelinas que estavam acordadas com a Inglaterra para que entrassem na Espanha [...], e enquanto isso fugiria com os antigos reis" para o México (citado por Fontana: 1979, p. 53-55).

É importante salientar que a hipótese da transferência da Corte espanhola para a América não era totalmente infundada. Em meio às guerras européias do começo do século XIX, ainda estava em vigência no mundo ibérico formas de pensar a política que entendiam que a monarquia espanhola deveria ser fortalecida por um amplo processo de reformas de suas instituições, que incluíam um estreitamento dos vínculos entre a Espanha e a América espanhola. Tal projeto fora tentado e parcialmente implementado em várias ocasiões ao longo do século XVIII, principalmente na segunda metade, ao mesmo tempo em que algo muito semelhante se passava com o Império Português. Nos dois casos, a tentativa tinha como objetivo último a recuperação parcial de dois impérios fracos no cenário mundial, mas que tinham em suas possessões ultramarinas – sobretudo as americanas – um valioso patrimônio. Por isso, tornar uma dessas regiões sede da monarquia era algo aventado à época, carregando consigo a idéia de que, sendo as Américas partes fundamentais das monarquias ibéricas, esta seria uma forma de valorizá-las e garanti-las como patrimônio da monarquia. Mesmo que isso só tenha ocorrido, de fato, uma única vez na história - com a Corte portuguesa que, como era amplamente sabido na Espanha em meados de 1808, já se encontrava no Brasil –, a idéia era razoavelmente comum.

Nos dois dias seguintes à boataria (17 e 18 de março), ocorreu um motim na cidade de Aranjuez, onde residia a Família Real, quando

Godoy foi derrubado e Carlos IV obrigado a abdicar em favor de Fernando, que foi aclamado rei com o título de Fernando VII (19 de março). O motim chegou também a Madri, onde ocorreram muitos festejos pela novidade e Fernando VII foi recebido com festa (24 de março). Por todo o Império Espanhol, à medida que se espalhava a notícia, iam ocorrendo festejos e reconhecimentos da autoridade do novo rei, disseminando-se o espírito reformista que vislumbrava, na ascensão de Fernando, a recuperação de uma Corte combalida e corrupta, portanto, a recuperação do próprio império. Assim, os acontecimentos de Aranjuez foram pretexto para um reforço geral dos sentimentos de lealdade dos espanhóis para com seu rei, e de fortalecimento do tradicional realismo católico e aristocrático.

No entanto estavam em curso mutações profundas, nem sempre perceptíveis aos homens que as viviam. Por exemplo: se a ordem tradicional estivesse funcionando bem, muito dificilmente um rei vivo abdicaria em favor do seu filho, ainda mais por meio de um motim. Os acontecimentos de Aranjuez mostram algo muito típico dessa época: tentativas de manutenção do estado de coisas vigente, mas às custas da utilização de mecanismos de subversão desse próprio estado de coisas, resultando em uma equação com a qual os contemporâneos teriam muita dificuldade em lidar. As tentativas de evitar revoluções criavam as próprias revoluções.

Diante dessa situação, o ex-rei Carlos e o ex-ministro Godoy pediram proteção francesa para o restabelecimento da ordem e do trono ao seu antigo detentor. Napoleão enviou à Espanha o general Savary portando uma ordem para a reunião, em Baiona (França), de toda a Família Real espanhola, incluindo Fernando. Entre 19 de abril e 10 de maio de 1808 lá estavam todos reunidos, dispostos a receber a mediação e, claro, as imposições da França. Contudo, nesse meio tempo, em 2 de maio, um levante popular contra o invasor eclodiu em Madri, onde, aos gritos de "morte aos franceses", súditos espanhóis atacaram soldados a serviço da França – que incluía poloneses e egípcios –, matando cerca de 200 homens. O levante, bem como sua violenta repressão, comandada por Murat e que resultou na morte de cerca de 400 civis, foram imortalizados seis anos depois pelo grande pintor Francisco José de Goya y Lucientes em dois quadros: *Dois de maio em Madri* e *Três de maio em Madri*, esta talvez sua obra mais conhecida.

Existem vários relatos de participantes ou testemunhas oculares desses dramáticos acontecimentos, que tiveram forte repercussão na Europa e nas Américas. Um soldado francês basco que participou da repressão escreveu: "no dia dois de maio tivemos uma revolta em Madri. Queriam nos expulsar da cidade, mas se equivocaram nos meios. Saímos do quartel em número de novecentos, e fomos distribuídos em duas praças. Dispusemos as armas contra os espanhóis; matamos todos os que apareceram na nossa frente. Quando saímos da praça, os de boina vermelha começaram a nos ridicularizar. Consideravam-nos, sem dúvida, touros a quem iam tourear com seus lenços. Agitavam os lenços provocando-nos pelas costas. Gritavam: 'Atirem, atirem, porra!'. Demos uns doze tiros; os que puderam fugiram sem dizer adeus" (citado por Fontana: 1979, p. 62). Outra testemunha, o espanhol Mor de Fuentes, destaca a participação das mulheres no levante. Segundo ele, na manhã do dia 2 caminhava por Madri, passando pela Puerta Del Sol quinze para as dez e dirigindo-se ao Palácio Real para encontrar um amigo, quando percebeu uma agitação: "nisso aparece uma mulher entre vinte e cinco e trinta anos, alta, bonita, agitando um lenço branco; começa a gritar desesperadamente: 'Armas, armas', e todo o povo repetiu o grito aumentando a fúria geral [...]. As senhoras, além de terem preparado seus balcões de flores, iam colocando seus móveis nas sacadas para joga-los na cabeça dos franceses, com o quê sua cavalaria ficava absolutamente impossibilitada de lutar, e sua infantaria perecia nas mãos das pessoas comuns e da guarnição. Mas esse triunfo momentâneo nos cegava a todos [...], e só podia acarretar uma catástrofe, pois o inimigo, irritado, cairia sobre o povo com sangue e fogo" (citado por Fontana: 1979, p. 60-61).

Rapidamente as notícias dos acontecimentos de 2 e 3 de maio chegaram aos ouvidos da Família Real e do alto comando francês em Baiona, e no dia 6 de maio Napoleão decidiu agir. Destituiu Murat transferindo-o para Nápoles, obrigou Fernando VII a abdicar e a devolver a coroa da Espanha para seu pai Carlos (novamente IV), obrigando este, por sua vez, a cedê-la imediatamente a um novo rei: José Bonaparte, doravante José I, irmão de Napoleão que já era rei de Nápoles. Por fim, mandou reunir em Baiona representantes da nação espanhola para elaborarem e redigirem uma Constituição, transformando, portanto, a Espanha em uma monarquia constitucional.

Começava assim, naquele ano de 1808, a guerra da Espanha contra a França, até hoje considerada pelos espanhóis sua "guerra de independência" e uma das principais datas nacionais do calendário cívico daquele país. Mesmo antes das abdicações de Baiona, uma junta de governo independente, antifrancesa e em defesa de Fernando VII, tinha sido formada no principado de Astúrias, em 9 de maio; em 25 de maio as notícias da ascensão de José I foram dadas na *Gazeta de Madri*, fazendo com que outros levantes antifranceses e juntas de governo começassem a ser formadas por toda parte (Oviedo, Valência, Málaga, Sevilha, Badajoz...).

De início, não havia articulação entre tais movimentos, sendo todos gerados de maneira espontânea por espanhóis em suas respectivas localidades, inconformados com a dominação francesa da Espanha que, a essa altura, já era evidente. Todos falavam em nome de Fernando VII, e fomentavam o início também de uma resistência armada que, em pouco tempo, revelar-se-ia um verdadeiro pesadelo para Napoleão.

A formação espontânea de juntas de governo respondia a uma situação concreta: ausente o rei, quem responde pela soberania? No mundo das monarquias européias da Idade Moderna, os reis eram pontos de convergência de lealdades que acabavam por criar as bases fundamentais das coletividades nacionais. Eram considerados *espanhóis* todos os súditos do rei da *Espanha*, independente de onde tivessem nascido e de onde residissem, o mesmo princípio valendo para portugueses, franceses, russos, suecos etc. Em maio de 1808, a nação espanhola estava sem um ponto de convergência, ou contava com um – José Bonaparte – cujas pretensões não encontravam o respaldo da maioria dos espanhóis. Diante dessa situação, evocava-se um princípio político antigo e tradicional, até aquele momento jamais aplicado, e que dizia que, na ausência do portador legítimo da soberania dos povos (o rei), esta deveria naturalmente voltar à sua origem (os povos). Era isso o que as juntas de governo promoviam naquele momento: a reassunção de sua soberania, em função da momentânea desaparição do monarca. Havia, no entanto, uma contradição básica nesse movimento. Se as juntas falavam, todas e sem exceção, a favor dos direitos de Fernando VII e da unidade da nação espanhola, se elas eram, portanto, fortemente realistas, sua existência prática implicava a existência de novos espaços de governo, onde a soberania *dos povos* era exercida *pelos povos*. Eram, portanto, um tipo de governo revolucionário.

Claro, tudo isso dizia respeito também às várias Espanhas existentes na América e que igualmente teriam suas juntas de governo a partir de 1808. Isso será melhor tratado no capítulo 4. Agora, basta destacar que os homens e mulheres que, na Europa, se mobilizaram para lutar contra ao Império Francês, tinham plena consciência da importância de, nesse momento extremamente delicado para a unidade da monarquia, fortalecer sua união com os povos da América, dos quais, aliás, esperavam receber auxílio financeiro para uma luta que devia ser considerada de todos. Em 17 de junho de 1808, a junta de governo formada na cidade de Sevilha – uma junta regional, não obstante se auto-intitular "Junta Suprema de Sevilla e Índias" – publicou um manifesto, do qual determinada passagem dizia respeito especialmente aos espanhóis da América. Embora de lado oposto, seus termos são muito semelhantes aos que encontramos anteriormente na proclamação francesa aos habitantes da Toscana, onde a idéia central é a de união e a necessidade é a do convencimento; no entanto, junto com a defesa da *monarquia* espanhola (discurso tradicional) vem a defesa da *pátria* (discurso revolucionário); também há uma ênfase na defesa da *religião* cristã, reforçando o tradicionalismo desse tipo de discurso (a França não era anticristã, embora desde 1793 houvesse uma perda progressiva do monopólio dessa religião, continuado em 1802 com a regulamentação dos cultos protestantes e em 1808 com a do culto israelita):

> As Américas, tão leais a seu rei como a Espanha européia, não podem deixar de unir-se a ela em causa tão justa. Será único o esforço de ambas pelo seu Rei, por suas leis, por sua Pátria e por sua religião. Ameaçam as Américas, se não nos reunimos, os mesmos males que tem sofrido a Europa: a destruição da monarquia, o transtorno de seu governo e de suas leis, a horrível licença dos costumes, os roubos, assassinatos, a perseguição dos sacerdotes, a violação dos templos, das virgens consagradas a Deus, a extinção quase que total do culto e da religião [...]. Burlaremos suas iras [de Napoleão] reunidas a Espanha e as Américas espanholas. [...]. Somos todos espanhóis. Estejamos, pois, verdadeiramente reunidos na defesa da Religião, do Rei e da Pátria. (citado por Martiré: 2001, p. 246)

A importância da América nesse contexto mereceu também a atenção de Napoleão. Além de enviar ao Novo Mundo vários agentes especiais, entre os representantes da nação espanhola que estiveram reunidos em Baiona em junho e julho de 1808 alguns eram americanos, todos dispostos a colaborar ou apoiar abertamente os franceses. Em 6 de junho, um decreto imperial proclamou oficialmente José I rei da Espanha e Índias, e no dia 15 teve início os trabalhos constituintes, finalizados em 7 de julho com a publicação de uma Constituição (o que era revolucionário para uma monarquia tradicional, onde elas não existiam), inteiramente baseada em um projeto do próprio Napoleão e que jamais entraria em vigor. Mesmo assim, a importância da experiência constitucional de Baiona é grande. Nas palavras do historiador François-Xavier Guerra, "Napoleão, querendo ganhar a América para sua causa, abriu um precedente ao fazer nomear seis americanos para representá-la naquela 'deputação geral' de 150 pessoas, chamada depois de 'Cortes', que se reunirá em Baiona em julho de 1808: um por cada um dos quatro vice-reinos – Nova Espanha, Peru, Santa Fé e Buenos Aires – e dois mais por Guatemala e Havana (os que estiveram de fato em Baiona eram originários dos quatro vice-reinos, de Guatemala e de Caracas). A novidade dessa convocação era grande, como também o foi a participação ativa dos americanos na assembléia [...]. A Constituição que a assembléia de Baiona promulga então [...] declara que gozarão [as províncias da América] dos 'mesmos direitos que a Metrópole [artigo 87], e serão representados por 22 deputados nas futuras Cortes [artigo 92] e também no Conselho de Estado [artigo 95]" (Guerra: 1992, p. 183-4). Fosse de um lado, fosse de outro, a América era reconhecida como uma parte essencial dos domínios espanhóis, podendo até mesmo ter a mesma estatura que a Espanha.

Enquanto isso, as juntas de governo formadas na península buscavam se fortalecer; no plano externo, várias delas buscaram apoio da Grã-Bretanha para lutar contra a França. Todos os seus representantes enviados a Londres foram oficialmente recebidos, conseguindo inclusive o fim do bloqueio marítimo britânico quando solicitado. Ao contrário do que ocorreria pouco depois em Portugal, onde um exército britânico combateria os franceses diretamente, na Espanha havia forças locais capazes de fazer frente ao invasor. Em meados de 1808, as forças francesas na Espanha somavam aproximadamente 110 mil homens, sendo que em agosto chegariam a 160 mil; as espanholas estavam na casa de 100 mil. Estas, a despeito de sua inferioridade, no dia 19 de julho de 1808 conseguiram uma grande vitória em Bailén, que estimularia a luta antifrancesa por toda a Europa.

Começara uma fase muito difícil para Napoleão na Península Ibérica. No dia seguinte à derrota de Bailén, José Bonaparte entrou em Madri e começou a organizar institucionalmente o novo governo, com a esperança de que os levantes cessassem em todo o país, mas isso não ocorreu. Dias depois (no mesmo 1º de agosto em que as forças britânicas desembarcavam em Portugal), teria que abandonar Madri e pedir socorro direto a Napoleão. Pouco depois, tinha início uma tentativa de organização centralizada das várias juntas de governo espanholas, com a reunião na cidade de Aranjuez, em 25 de setembro de 1808, da "Suprema Junta Central Gobernativa Del Reino", uma junta ao mesmo tempo legislativa e constituinte (também os realistas espanhóis, à exemplo do que fora feito pelos franceses em Baiona, mobilizavam o princípio revolucionário de criação de uma monarquia constitucional). A notícia dessa reunião, que incluía 35 delegados de outras juntas e contava com a participação de grandes figuras da política espanhola, como o conde de Floridablanca, Gaspar Melchor de Jovellanos e Manuel Quintana, foi dada na *Gazeta de Madrid* de 29 de setembro, fortalecendo ainda mais uma resistência que, ademais, desde o começo do mês contava com um periódico específico e muito influente, o *Semanario Patriótico*.

A partir de novembro de 1808, Napoleão comandou, em pessoa, uma contra-ofensiva à Espanha (permaneceria naquele país entre 4 de novembro e 22 de dezembro), e que resultaria em vários êxitos militares (como em Espinosa de los Monteros, em 10 e 11 de novembro; Tudela, em 23 de novembro; e Somosierra, em 30, mesmo dia em que é sitiada Zaragoza), na retomada de Madri (2 de dezembro), na reorganização do governo de José I e na transferência da Suprema Junta de Aranjuez para Sevilha. A guerra se tornou, então, muito mais mortífera. Nas palavras de outro importante historiador, Miguel Artola, os anteriores reveses de Napoleão na Espanha levaram-no "a conceber o conflito de acordo com a realidade de uma *guerra nacional*. Diante da mobilização dos

42 A CORTE E O MUNDO

recursos espanhóis, lançou sobre a península uma massa de 250 mil homens, na maioria veteranos pertencentes à *Grande Armée*. A campanha napoleônica é projetada como uma batalha de aniquilamento que lembra, em escala territorial maior, a concepção estratégica de Austerlitz [...]. Quando o imperador abandonou a Espanha, deixava para trás a quase totalidade de seu exército, ao qual legou uma missão, a ocupação do país a despeito de suas forças, tarefa à qual dedicou três anos sucessivos para não conseguir mais do que resultados parciais e que não eram definitivos" (Artola: 1997, p. 31).

Os entraves encontrados na Espanha não deixavam de ser surpreendentes para quem conquistara vitórias avassaladoras sobre Áustria e Prússia e para quem dominava quase toda a Europa central e a Itália. Tais entraves estão estritamente relacionados com Portugal.

De neutral a inimigo: Portugal

Diferentemente do que ocorria com a Espanha, Portugal no século XVIII apresentava uma tendência a se posicionar do lado da Grã-Bretanha no cenário das relações internacionais. A assinatura do tratado de Methuen, em 1703 (quando ainda não existia Grã-Bretanha, formada a partir da união entre Inglaterra e Escócia em 1707), fora um passo fundamental nessa direção; no entanto, diferentemente do que é costume se afirmar, os dois países não foram aliados incondicionais desde então. Durante o reinado de D. José I (1750-1777), quando estivera à frente do governo Sebastião José de Carvalho e Melo, o marquês de Pombal, foram tomadas várias medidas que acarretaram prejuízos aos interesses da Grã-Bretanha, e, em alguns episódios – como, por exemplo, a expulsão dos jesuítas do Império –, houve até mesmo afinidades políticas com a Espanha e a França. Segundo as acertadas palavras do historiador Valentim Alexandre, "o tipo e o grau de proteção conferidos a Portugal pela aliança inglesa não eram um dado fixo, imutável ao longo de todo um período; pelo contrário, um grande número de elementos, variáveis segundo as conjunturas políticas, condicionava quer a própria existência da aliança, quer o seu modo de funcionamento e a posição relativa que nela assumiam os dois Estados" (Alexandre: 1993, p. 93-4). Essa seria a lógica mesmo após a Revolução Francesa e a ascensão de Napoleão, quando ocorreram várias ocasiões para a aproximação com a Grã-Bretanha se efetuar, mas Portugal insistiu em sua posição neutral. Posição que, conforme já pudemos perceber anteriormente, logo se tornaria insustentável.

Mas em uma outra coisa Portugal estava muito próximo da Espanha: sua posição igualmente secundária na competição internacional, que no século XVIII era, principalmente, uma competição colonial. As primeiras descobertas de ouro na América portuguesa, no último lustro do século XVII, permitiriam a Portugal uma relativa recuperação de suas finanças, e a despeito de várias medidas de caráter reformista levadas a cabo já durante o reinado de D. João V (1706-1750), tal posição continuaria secundária. Mais incisivos foram os esforços tocados nos reinados de D. José I e D. Maria I (iniciado em 1777), quando a reforma do Império partia da premissa de que metrópole e colônias deveriam complementar umas às outras em termos de geração de benefícios para o conjunto da nação portuguesa, e também de que, cada vez mais, o maior potencial de recuperação estava dado pela existência das colônias americanas.

O aprofundamento da agenda reformista portuguesa no reinado de D. Maria I se valeu da experiência anterior de D. José e Pombal, de modo que projetos fracassados puderam ser reformulados, políticas mal planejadas puderam ser revistas, além de haver algumas rupturas em termos de quais grupos políticos passariam a ocupar os principais cargos diretivos do Império. Como quer que seja, as continuidades de um reinado a outro são sem dúvida mais fortes do que suas rupturas, inclusive no que diz respeito à manutenção e aprofundamento também da centralidade conferida à América. Com isso, e retomando algo que já foi dito antes a propósito da Espanha, começamos a compreender devidamente a coerência da idéia – finalmente concretizada em 1808 – de transformação de um espaço colonial em sede do Império.

Nos círculos diretivos da política portuguesa, tal idéia foi aventada em diferentes ocasiões por diferentes motivos (após a independência de Portugal da Espanha em 1640, durante o reinado de D. João V; depois, com o terremoto de Lisboa em 1755: finalmente, em 1762, durante a guerra dos Sete Anos), mas a base sempre foi a importância da América no conjunto dos domínios portugueses. Não por acaso, tais ocasiões ocorreram majoritariamente no século XVIII, isto é, quando o ouro do Brasil já tinha sido descoberto e quando o Império Português era, sobretudo, um império atlântico, afro-americano, decadente no oceano Índico e no extremo oriente. No que diz respeito à última década do século, há que se lembrar que movimentos de contestação política ensaiados em espaços coloniais – Minas Gerais, Bahia, Pernambuco – despertaram a atenção dos estadistas lusos, receosos de seus possíveis efeitos num contexto em que eles próprios eram os primeiros a reconhecer debilidades sérias no Império.

Reformistas pelos mesmos motivos e na mesma época, em algumas ocasiões Portugal e Espanha se dariam as mãos em alianças formais. Durante certo tempo, conflitos por territórios mal delimitados na América resultaram em tratados apenas de paz, como os de Madri (1750), El Pardo (1761) e Santo Ildefonso (1777); mas depois deles foram estabelecidos acordos de paz e amizade (tratado de 11 de março de 1778) e realizados casamentos entre os Bourbon e os Bragança (1785). Sete anos depois, D. Maria I seria declarada incapacitada de reinar em virtude de uma doença mental, tendo início uma regência, a cargo de seu filho D. João (que será D. João VI somente em 1818, dois anos após a morte de sua mãe e quando a Corte já estava há tempos no Brasil).

A Revolução Francesa fora assimilada em Portugal de modo mais ou menos típico: só algum tempo depois dos fatos de 1789, sobretudo após a execução de Luís XVI e Maria Antonieta em 1793, é que as monarquias tradicionais da Europa perceberam o risco que corria a ordem político-social que lhes sustentava. Assim, naquele ano Portugal quebrou sua neutralidade e assinou tratados de aliança quase simultâneos com a Espanha e a Grã-Bretanha contra a França revolucionária. Porém, pouco depois, por dois tratados de 1795 e 1796, França e Espanha voltaram a ser aliadas, e em outubro deste ano a Espanha declarou guerra à Grã-Bretanha. Portugal voltou à neutralidade, desagradando a todos, que continuaram a pressioná-lo.

Durante a Guerra das Laranjas de 1801, a possibilidade de transferência da Corte portuguesa para a América voltou a ser cogitada. O autor da idéia era o embaixador português em Madri, D. José Maria de Sousa Botelho, que em 14 de abril daquele ano escreveu ao príncipe regente D. João na expectativa, tipicamente reformista, de que caso se adotasse a medida, do Brasil "ameaçaria todas as Colônias Espanholas, a Espanha mesmo e fundaria o maior império do Mundo" (citado por Alexandre: 1993, p. 132). Dois anos depois, com a declaração de guerra entre França e Grã-Bretanha, o ministro do Reino de D. João, D. Rodrigo de Sousa Coutinho, voltaria a recomendar a mudança da Corte (em parecer de 16 de agosto de 1803). No entanto, naquele momento começavam a sobressair, no gabinete joanino, as tendências pró-francesas, que levariam à troca do ministério: caíram D. Rodrigo e também D. João de Almeida, ministro dos Negócios Estrangeiros, com as duas pastas passando para D. Luís Pinto de Sousa até o começo do ano seguinte, quando foi substituído interinamente por D. Diogo de Noronha. Em abril de 1804, assumiu aquele que seria o mais pró-francês dentre todas as figuras de destaque da política portuguesa da época: D. Antonio de Araújo e Azevedo, futuro conde da Barca. Sua atuação será forte até 1807, quando os acontecimentos fariam Portugal finalmente tomar partido da Grã-Bretanha.

46 A CORTE E O MUNDO

A guerra franco-britânica de 1803 traria novas e fortes pressões sobre Portugal, inclusive porque a Espanha logo se colocou do lado de Napoleão. Em 23 de fevereiro de 1805, foram passadas instruções ao novo embaixador francês em Portugal, o general Jean-Andoche Junot, futuro duque de Abrantes, para que exigisse de D. João a quebra da neutralidade, o fechamento dos portos portugueses ao comércio da Grã-Bretanha e o rompimento de relações diplomáticas com esta. Junot chegou a Portugal em 12 de abril, mas a batalha de Trafalgar amortizaria um pouco suas pressões. Durante um ano, o cenário europeu pareceu um pouco mais tranqüilizador para Portugal, até que em agosto de 1806 uma esquadra britânica comandada por Strangford chegou ao Tejo, alegando a necessidade de defender o território português de uma invasão francesa via Espanha; a essa pressão somar-se-iam as advindas das vitórias de Napoleão sobre a Prússia, em outubro, e do bloqueio continental, em novembro.

A situação era grave, como bem sabia o gabinete português. Logo após a chegada da esquadra britânica, foi convocado o Conselho de Estado, que se reuniria em várias ocasiões até novembro de 1807 para discutir a situação e propor soluções. Um indício do reconhecimento da gravidade da situação foi que dessas reuniões tomaram parte não apenas os ministros pró-franceses de D. João mas também os outrora afastados D. Rodrigo de Sousa Coutinho e D. João de Almeida que, conforme vimos, pendiam para uma aliança com a Grã-Bretanha. Foi nessas ocasiões que a proposta de transferência da Corte para a América começou a ganhar contornos consistentes e definitivos, principalmente a partir de agosto de 1807, com a iminência de uma invasão franco-espanhola do território português. A transferência da Corte foi concebida como uma medida extrema, a ser adotada somente em último caso; chegou-se até a falar do envio ao Rio de Janeiro somente do primogênito da Família Real, isto é, o jovem D. Pedro, príncipe da Beira, que então contava com apenas nove anos. A proposta, que hoje pode soar irônica – já que poucos anos depois D. Pedro seria o fundador do Império do Brasil –, tinha coerência: caso algo de catastrófico acontecesse com D. João em Portugal, a linhagem da dinastia de Bragança estaria assegurada na pessoa de D. Pedro; com isso, a partir de suas possessões mais importantes, o Império Português poderia manter sua unidade. Em 2 de outubro de 1807, D. João chegou até mesmo a assinar uma declaração, dirigida aos habitantes do Brasil, comunicando a ida de D. Pedro.

A transferência de membros da Família Real portuguesa para o Brasil era muito mais promissora para a Grã-Bretanha do que para a França. Afinal, enquanto a primeira estava de olho no fim dos monopólios portugueses e na abertura de vias comerciais, dentre as quais o Brasil representava uma perspectiva muito positiva, a segunda certamente pensava na prisão da Família Real e na anexação de Portugal a algum dos Estados por ele controlados (não foi isso o estipulado pelo tratado de Fontainebleu, e não seria justamente essa a tentativa feita na Espanha com as abdicações de Baiona?). Os estadistas portugueses, pensando e agindo em meio a um turbilhão de acontecimentos e sob fortes pressões, mostravam-se capazes de fazer uma acertada leitura de conjuntura. Aliás, era essa a sua função. Por isso, quando conceberam e realizaram a mudança da Corte para a América, não agiam como "visionários" ou "beneméritos", apenas fizeram aquilo que muito provavelmente outros governos na mesma situação fariam. A Espanha não transferiu sua Corte, pois, contando com uma aliança com a França, não parecia precisar disso.

A concretização da medida em Portugal, tomada por um grupo de estadistas, tampouco deve servir de argumento para tolas pretensões de "recuperação da imagem" de D. João – ou seu oposto, a igualmente tola idéia de que era um "príncipe medroso" –, ou ainda uma "medida salvadora" de coisa alguma. D. João não parece ter sido nem mais nem menos talentoso ou medíocre do que seus colegas de ofício europeus. Da mesma forma, a transferência da Corte foi uma medida emergencial, bem sucedida a curto prazo, mas incapaz de garantir, por muito tempo, a longevidade do Império Português na América.

Em fins de setembro de 1807, os representantes diplomáticos de França e Espanha abandonaram Lisboa, apesar das promessas de que o governo de D. João, por meio de Antonio de Araújo e Azevedo, tirar em breve romperia com a Grã-Bretanha. Em 22 de outubro, foi assinada uma convenção preliminar luso-britânica, regulando as relações entre os dois países durante a aguda crise, e que começava a preparar o terreno para uma eventual transferência da Corte. Cinco dias depois, a França e a Espanha assinavam o tratado de Fontainebleu, e as tropas comandadas por Junot começavam sua marcha rumo a Portugal. Embora os exércitos que lá chegaram fossem, em realidade, uma força em nada comparável aos tradicionais pelotões franceses, o gabinete de D. João não poderia arriscar-se a um enfrentamento. Naquele contexto, era por princípio impensável que o exército português pudesse derrotar o francês. Este entrou em Portugal em 19 de novembro de 1807 pela Beira Baixa; no dia 22 chegaram a Lisboa os primeiros rumores a respeito, confirmados no dia 24, mesmo dia em que os franceses tomaram Abrantes. Quando no dia 26 o Conselho de Estado português se reuniu sob forte tensão, a decisão de retirada integral da Família Real para o Rio de Janeiro foi unânime.

A Corte embarcou às pressas no próprio dia 26, quando, conforme mencionamos no começo deste capítulo, os navios que a levariam à América ficaram retidos por conta do mau tempo. No dia seguinte a armada britânica, de prontidão no Tejo, entrou em Lisboa, posicionando-se para garantir uma saída segura dos 36 navios que, finalmente, zarparam para o Brasil no dia 29. Junot e seu exército chegaram a Lisboa no dia seguinte.

Tais acontecimentos mexem até hoje com a imaginação das pessoas. De fato eles foram notáveis, mas o embarque da Família Real, ainda que organizado de modo emergencial, não foi uma surpresa entre os estadistas lusos, tampouco uma medida "improvisada" ou feita "na surdina". Nem sempre se atenta para uma evidência: a transferência da Corte para a América e a aliança luso-britânica foram decididas somente em fins de novembro de 1807 porque Portugal tentou, até o último momento, manter sua neutralidade e não ceder às fortes pressões que vinha sofrendo há tempos. A invasão de seu território não deixara dúvidas quanto ao que deveria ser feito, mas essa invasão era mais um dentre os muitos e inesperados acontecimentos que se sucediam em um tempo e espaço em profunda convulsão. O que impedia planejamentos e certezas em relação ao futuro.

Uma das imagens mais comuns dos acontecimentos de 26 de novembro de 1807 parece reforçar a idéia de que tudo foi feito de improviso. O magistrado português José Acúrsio das Neves, testemunha ocular de muito do que ocorreria com a invasão francesa de Portugal, publicou entre 1810 e 1811 uma monumental narrativa, a *História geral da invasão dos franceses em Portugal e da restauração deste Reino*. Nela, legou-nos uma imagem clássica do momento em que D. João embarcava em uma das naus que o levaria à América: o príncipe regente "queria falar e não podia; queria mover-se e, convulso, não acertava a dar um passo; caminhava sobre um abismo, e apresentava-se-lhe à imaginação um futuro tenebroso e tão incerto como o oceano a que ia entregar-se. Pátria, capital, reino, vassalos, tudo ia abandonar repentinamente, com pouca esperança de tornar a pôr-lhes os olhos, e tudo eram espinhos que lhe atravessavam o coração" (citado por Alexandre: 1993, p. 161). Trata-se, evidentemente, de uma bela narrativa.

Da mesma forma, um fantástico – em todos os sentidos do termo – encontro entre D. João e Junot e um diálogo a bordo da nau onde o príncipe regente se encontrava prestes a zarpar. Seu autor, o militar irlandês Thomas O'Neil, esteve no Rio de Janeiro em 1808 e publicou em 1810 uma *Viagem da família real portuguesa para o Brasil* que hoje nos parece delirante, cheia de invenções e exageros que, não obstante, podiam ser aceitáveis em um contexto como aquele.

Fantasias à parte, o que sabemos é que ainda no dia 26 de novembro D. João nomeou vários governadores que deveriam tocar o país na sua ausência, e que seriam, doravante, responsáveis por um Conselho de Regência. Recomendava-lhes expressamente ter uma boa convivência com o exército francês, evitando choques desnecessários. No mesmo decreto em que instituía tal instância de governo, justificava publicamente aos seus súditos a decisão de sua retirada. Aqui, também o príncipe regente não estava totalmente isento de delírios, como ao sugerir que a invasão de Portugal pelos exércitos franceses fora uma traição de Napoleão, com o qual teria estabelecido uma união que, hoje sabemos, não existia. De resto, as palavras de D. João são bem verdadeiras, e nos mostram a avaliação feita por sua equipe de governo naquela fatídica reunião do Conselho de Estado. O trecho é um pouco longo, mas por sua clareza, vale a pena lê-lo:

> Tendo procurado, por todos os meios possíveis, conservar a Neutralidade de que até agora têm gozado os Meus Fiéis, e Amados Vassalos, e apesar de ter exaurido o Meu Real Erário, e de todos os mais Sacrifícios a que tenho me sujeitado, chegando ao excesso de fechar os Portos dos Meus Reinos aos Vassalos do Meu antigo e Leal Aliado o Rei da Grã-Bretanha, expondo o Comércio dos Meus Vassalos à total ruína, e a sofrer por este motivo grave prejuízo nos rendimentos da Minha Coroa: Vejo que pelo interior do Meu Reino marcham Tropas do Imperador dos Franceses e Rei da Itália, a quem Eu Me havia unido no Continente, na persuasão de não ser mais inquietado; e que as mesmas se dirigem a esta Capital. E querendo Eu evitar as funestas conseqüências que se podem seguir de uma defesa que seria mais nociva que proveitosa, servindo só de derramar sangue em prejuízo da humanidade, e capaz de acender mais a dissenção de umas Tropas que têm transitado por este Reino, com o anúncio e promessa de não cometerem a menor hostilidade; conhecendo igualmente que elas se dirigem muito particularmente contra a Minha Real Pessoa, e que os Meus Leais Vassalos serão me-

nos inquietados ausentando-Me Eu deste Reino; Tenho resolvido, em benefício dos mesmos Meus Vassalos, passar com a Rainha Minha Senhora e Mãe, e com toda a Real Família, para os Estados da América, e estabelecer-Me na Cidade do Rio de Janeiro até a Paz Geral. (*Correio Brasiliense*: I, 06/1808).

Só que pouco antes de entrar em Lisboa, também Junot dava sua versão dos acontecimentos, em uma declaração aos portugueses em que tentava convencê-los de suas vistas benignas. A guerra dos canhões e dos bloqueios era, também, uma guerra de palavras:

> Habitantes de Lisboa! O meu Exército vai entrar na vossa Cidade. Eu vinha salvar o vosso Porto e o vosso Príncipe da influência maligna da Inglaterra. Mas este Príncipe, aliás respeitável pelas suas virtudes, deixou-se arrastar pelos Conselheiros pérfidos de que era cercado, para ser por eles entregue aos seus inimigos; atreveram-se a assustá-lo quanto à sua segurança pessoal; os seus Vassalos não foram tidos em conta alguma, e os vossos interesses foram sacrificados à covardia de uns poucos cortesãos.[...] O Grande Napoleão meu Amo envia-me para vos proteger, eu vos protegerei. (*Correio Brasiliense*, I, 06/1808).

Mas não só uma guerra de palavras. De início, Junot manteve funcionando o Conselho de Regência de Portugal tal qual estabelecera D. João, agregando-lhe apenas um funcionário de sua confiança. Em 1º de fevereiro de 1808, porém, seguindo ordens de Napoleão, Junot aboliu a Regência, devendo Portugal ser governado diretamente pelos franceses em nome do Imperador. Portugal estava, de modo incontestável, sob ocupação, e o auxílio militar da Grã-Bretanha era imprescindível.

As notícias dos levantamentos antifranceses na Espanha logo chegaram a Portugal, onde incentivaram movimentos semelhantes. Junot concentrou forças na fronteira com a Espanha e em Lisboa, mas os motins começaram pela cidade do Porto, em 6 de junho; logo e rapidamente ocorreriam também em Trás-os-Montes, Bragança, Moncorvo e Vila Real, até chegar a Guimarães em 18 de junho, mesmo dia em que ocorreu um segundo levante no Porto. À exemplo do que ocorria na Espanha, em todas essas cidades portuguesas foram sendo formadas juntas, que acabaram por se subordinar à do Porto, autodesignada de "Junta Suprema do Governo do Reino". O mesmo ocorreu ao sul com as juntas de Olhão (formada em 16 de junho) e de Faro (em 19 de junho), sendo que esta também se colocaria o caráter de uma junta suprema. Tanto a junta do Porto quanto a de Faro logo buscaram auxílio e reconhecimento internacional, a começar pela Espanha e Grã-Bretanha. Como resultado dessas solicitações, em 1º de agosto de 1808 chegou a Portugal um exército britânico, comandado por Arthur Wellesley, duque de Wellington, comandante de forças britânicas que já lutavam na Espanha. Seus contingentes somavam aproximadamente 13 mil homens, que se juntariam a seis ou sete mil portugueses dispersos, formando um exército que comandaria junto com o general português Bernardim Freire de Andrade.

Apesar das desavenças de comando, britânicos e portugueses conseguiram derrotar os franceses de Junot, que capitulou em Sintra, em 30 de agosto de 1808. Naquele momento, não só em Portugal, mas por toda a Europa, as tropas de Napoleão começavam a dar sinais de vulnerabilidade, encontrando inesperadas resistências militares e forte propaganda contrária em vários países. No caso da Península Ibérica, a situação se agravava com as articulações entre portugueses e espanhóis juntistas, que se irmanavam em torno da expulsão do invasor comum. Assim, em 30 de maio de 1808, a junta regional de Sevilha dirigiu um manifesto especificamente aos portugueses:

> Portugueses! A vossa sorte é talvez a mais dura, que jamais sofreu Povo algum sobre a terra. Os vossos Príncipes foram obrigados a dei-

xar-vos, e os acontecimentos da Espanha são uma prova irrefragável da absoluta necessidade daquela medida [...]. A Espanha viu a vossa escravidão e os horrorosos males que se lhe seguiram com a duplicada sensação de dor e desesperação. Vós sois olhados como irmãos, e a Espanha arde por voar em vosso socorro. [...] Nós quebramos as nossas cadeias – entremos portanto em ação – nós temos exércitos, nós temos chefes, e a voz geral da Espanha é *Morreremos em defesa da nossa Pátria, mas teremos cuidado de que morram também conosco aqueles infames inimigos*. Vinde pois, generosos Portugueses, uni-vos com a Espanha para morrer em defesa da vossa Pátria – as suas bandeiras vos esperam, elas vos receberão como irmãos infamemente oprimidos. A causa da Espanha e de Portugal é a mesma, não deixei de confiar nas nossas tropas, os seus desejos são os vossos mesmos, e podeis contar com a sua coragem e fortaleza como parte da vossa segurança [...]. Portugueses. A vossa Pátria já não está em perigo – este já passou. Uni-vos, uni-vos, e voai a restabelecê-la e a salvá-la. (*Correio Brasiliense*: I, 7/1808).

A Península Ibérica se mostrava, em 1808, um verdadeiro entrave aos propósitos de Napoleão. De início as submissões de Espanha e Portugal pareceram fáceis e evidentes; pouco depois, a manutenção de tais conquistas revelava-se árdua. Não se trata, porém, de um fenômeno circunscrito à península, mas geral do espaço territorial diretamente afetado pelas guerras européias. Há décadas atrás, o historiador francês Jacques Godechot percebeu, com muita perspicácia, a centralidade que, no mundo ocidental, os eventos de 1808 possuem no desenrolar do processo de expansão e contração do Império Francês e, de modo contraditório, também da Revolução. "Até 1808", escreveu Godechot, "o exército francês não encontrara pela frente senão exércitos de mercenários, freqüentemente inferiores em número, sempre desprovidos de forças morais que caracterizavam os soldados franceses e explicavam em parte seu êxito. [...] Nunca os revoltados tinham oposto ao regime instaurado pela Revolução um outro regime, fundado também em idéias de nação, liberdade e igualdade. Limitavam-se a exigir que se sustentasse ou restabelecesse o Antigo Regime com, às vezes, algumas modificações de ordem econômica ou social". Porém, a partir daquele ano, "as resistências populares que vão se opor aos exércitos franceses não invocarão mais o Antigo Regime, mas as novas idéias que, após quinze anos, tinham sido difundidas pelos exércitos franceses", como a idéia de nacionalidade, liberdade e igualdade e também as Constituições modernas. Desse modo, sentencia, "1808 marca, pois, uma grande mudança no enfrentamento da França com a Europa. Não é mais uma França revolucionária que vai lutar contra os 'mercenários dos tiranos'. São forças nacionais, resultantes da mesma revolução, que vão digladiar-se" (Godechot: 1984, p. 195-196).

O contexto americano, conforme veremos no capítulo 4, desautoriza parcialmente essa análise, mas apenas parcialmente: pois ali não é possível encontrar, em 1808, qualquer esboço consistente de uma luta de nacionalidades contra os franceses, diferentemente do que ocorre, por exemplo, em países germânicos ou na Polônia. O processo de declínio dos impérios ibéricos na América não é, nem no caso espanhol nem no português, alimentado por movimentos nacionalistas; há, sim, uma mobilização coletiva contra eles, só que em nome da nação tradicional, construída em torno do monarca, e dos valores cristãos e imperiais. O acerto de Godechot, no entanto, é maior do que esse deslize: por toda parte, 1808 dividiu águas, no que a Península Ibérica e suas extensões americanas desempenharam papel crucial.

Após a expulsão dos franceses, Portugal conheceu a coexistência de várias instâncias de governo: o comando militar britânico, a Junta do Porto, a Junta de Faro. Estas duas começaram a se articular entre si, esboçando um aparato político-administrativo, mas não com a primeira. Além disso, havia a Corte e o príncipe regente D. João, vivo, são e salvo do outro lado do Atlântico, onde qualquer notícia demorava pelo menos dois meses para chegar, e de onde as ordens dirigidas a Portugal seguiam com a mesma lentidão. Tal coexistência de poderes seria complicada. Em 18 de setembro de 1808, o comando britânico reativou o Conselho de Regência, extinto por Junot, doravante presidida pelo bispo do Porto, D. Antonio. Com isso, na prática desapareceram as juntas de governo e o comando britânico foi reforçado, mas esse Conselho só começaria a funcionar, de fato, em 1809. Naquele ano, porém, a contra-ofensiva militar francesa, comandada pelo general Soult, traria de novo a guerra a Portugal, em um contexto geral de reação do poderio francês.

Em 2 de fevereiro de 1808, Napoleão escrevera a seu aliado Alexandre, czar da Rússia, propondo-lhe formalmente uma partilha do leste europeu e do Império Otomano: a Rússia ficaria com a Áustria, a Sérvia, a Bósnia e toda a Turquia asiática, enquanto a França ficaria com o Egito e a Síria, de onde poderia criar as bases para atacar o Império Britânico na Índia. A Finlândia permanecia indefinida, em função das instabilidades políticas na Suécia, da qual fazia parte. Para discutir tal plano, Alexandre e Napoleão encontraram-se em Erfurt, em 27 de setembro de 1808, portanto, após os maiores reveses franceses na Península Ibérica. Foi então que ocorreu um breve encontro entre Napoleão e Goethe, que publicara há pouco a primeira parte de seu *Fausto*. Igualmente, em Erfurt, Alexandre pôde constatar as fraquezas militares do Império Francês, que inclusive se via na necessidade de evacuar a Prússia para reforçar suas posições em Portugal e Espanha. Em outubro, a Áustria, amparada em nacionalistas germânicos, começava os preparativos para atacar os franceses com auxílio britânico.

A reação francesa contra suas desventuras no ano de 1808 seria intensa e resultaria em mais guerra por toda parte. Portugal e Espanha só estariam definitivamente livres dela em 1814. Mas aí, a Europa e o mundo ocidental já seriam outros.

A Corte no Rio de Janeiro: um Brasil, uma África

Quando D. Marcos de Noronha e Brito, o oitavo Conde dos Arcos e vice-rei do Brasil, soube que uma esquadra trazendo o príncipe regente junto com sua família saíra de Lisboa em direção ao Rio de Janeiro, iniciou os preparativos para a recepção. Entre as primeiras providências tomadas, desocupou o palácio do Largo do Paço – não só da parte que servia de residência ao governo, mas também de toda aquela ocupada pelo Tribunal da Relação –, bem como o Convento do Carmo, na mesma praça, que deveriam servir de moradia Real. O palácio foi pintado, mobiliado, forrado com sedas de várias cores e, depois de pronto, chegou a ser aberto para visita da população, como deixou registrado um observador contemporâneo, em carta ao irmão em Portugal:"com efeito, está digno dos nossos Monarcas!". O Conde também fez um apelo para que proprietários e inquilinos cedessem belas casas para acomodação da comitiva, que não se estimava pequena. Em seguida, o Senado da Câmara da cidade lançou um edital tratando das festas públicas que deveriam ser realizadas para a recepção, com seu presidente dirigindo, em "significante oração, o seu respeito, a sua obediência e vassalagem" aos Bragança.

As primeiras esquadras chegaram ao porto do Rio de Janeiro em 17 de janeiro, trazendo a rainha D. Maria I, suas irmãs D. Maria Francisca Benedita e D. Mariana, e as infantas filhas da princesa D. Carlota Joaquina e do príncipe D. João. Este arribara primeiramente na Bahia, onde permaneceu por cerca de um mês, mas estava resoluto em seguir para o Rio de Janeiro, porto que em 1808 já era o mais rico e próspero do Vice-Reino do Brasil. E foi assim que na manhã do dia 7 de março, as fortalezas que defendiam a cidade, juntamente com todas as naus portuguesas e britânicas que se encontravam no porto, anunciaram a chegada do príncipe regente, com salvas de 21 tiros que ecoaram por toda Baía da Guanabara. Desde logo, formou-se um cortejo oficial que deveria ir a bordo apresentar felicitações e dar boas-vindas à Família Real, preparando-se para o desembarque do dia seguinte.

Três dias após sua chegada, D. João nomeou um novo ministério, composto por D. Fernando José de Portugal, pelo Visconde de Anadia, e por D. Rodrigo de Sousa Coutinho, que voltava ao gabinete com a confirmação da aliança entre Portugal e Grã-Bretanha. A cidade foi rapidamente alçada à condição de nova sede da monarquia portuguesa e um conjunto de medidas logo colocado em prática pelo príncipe acentuou uma sensação de sensível ruptura em relação ao passado: os contemporâneos projetaram para o Rio de Janeiro e para a América um futuro "grandioso", portador de significativas mudanças no mundo português. Era como se, para os americanos, o tempo se acelerasse, em meio a um turbilhão de expectativas e de possibilidades que, boas ou más, começavam a ser vislumbradas a partir da quebra dos "grilhões coloniais", como se dizia à época.

É notável como na boca de protagonistas dessa história surgiu a expressão "novo Império do Brasil", que não tinha nada a ver com independência em relação a Portugal, sendo pensado como reforço da unidade portuguesa. O jornalista Hipólito José da Costa usou a expressão já no primeiro número do *Correio Brasiliense*, em junho de 1808. Como personagem típico de um mundo em convulsão, Hipólito foi um dos mais importantes observadores da política luso-americana e mundial da época. Nascido na Colônia do Sacramento (no atual Uruguai), quando esta era portuguesa, emigrou para Portugal, onde desempenhou importantes funções no governo até ser perseguido sob acusação de participar da maçonaria. Seguiu para a Inglaterra em 1805, onde editaria seu jornal. Desde o início, pregava a irremediável necessidade de reformas nos domínios portugueses, principalmente nos da América, em função dos acontecimentos mundiais. Agora, em 1808, sentenciava seu redator, era hora de mudanças:

> Uma das causas principais do mau Governo do Brasil era o desleixamento, quase irremediável, da Corte de Lisboa, a respeito daquela importante Colônia, o que era ocasionado pela atenção, que era necessário prestar às relações estrangeiras, com o que esquecia naturalmente a administração de um território que, por mais interessante que fosse, sempre se reputava secundário em conseqüência da magnitude dos outros objetos, que concorriam com ele. (*Correio Brasiliense*, I, 06/1808).

A expressão "império do Brasil" também seria usada pelo comerciante inglês John Luccock que, tendo chegado ao Rio de Janeiro para tratar de negócios, escreveu à época que os americanos tomam D. João como verdadeiro "benfeitor do país, fundador de um novo império, outorgando-lhe o título, que na realidade lhe cabia, de único 'Monarca do Sul'" (Luccock: 1975, p. 163).

A idéia de fortalecimento dos vínculos que uniam os portugueses de aquém e além-mar, tão cara ao reformismo português do século XVIII, ainda era muito forte. Afinal, a transferência da Corte significava a possibilidade de preservação física e moral da monarquia que, fugindo de Napoleão, também fugia de mudanças revolucionárias que pudessem adentrar em seus vastos domínios. Vimos no capítulo anterior como, concebida em caráter de emergência, a medida foi justificada em nome dessa preservação. Na América portuguesa, sede da Corte, e no plano imediato, ela seria muito fortalecida, embora se criassem também as condições para, no futuro, ocorrer o contrário.

Uma das dimensões mais perceptíveis desse reforço da monarquia e da unidade do Império Português passava pela reprodução, em terras americanas, da lógica de privilégios e favorecimentos pessoais que emanavam do rei, e era a regra das relações políticas e sociais num ambiente cortesão tradicional como o das monarquias européias. Embora na América essa matriz tenha sido adaptada de diferentes maneiras ao longo da colonização, em 1808 a proximidade física com o monarca e com a Corte a favoreceria tremendamente. Os principais beneficiários seriam elites locais e grupos econômicos emergentes, sobretudo no centro-sul, que vinham ganhando desde o advento da mineração e a transformação do Rio de Janeiro em capital administrativa da colônia (1763). A partir de 1808, essa lógica de privilégios e favorecimentos se desdobraria em verdadeiras disputas por ascensão e influência na esfera da Corte.

Foi assim que Elias Antônio Lopes, um dos maiores negociantes do Rio de Janeiro nessa época, ofertou aos Braganças recém-chegados sua quinta em São Cristóvão (atual Museu Nacional), considerada a melhor da região, para servir de residência régia, bem longe do intenso burburinho do porto. Com isso, Lopes foi agraciado com um título honorífico, o de comendador da Ordem Cristo e fidalgo da Casa Real, concedido por D. João em virtude do "notório desinteresse e demonstração de fiel vassalagem, que vem de tributar à minha Real Pessoa [...] de distinto e reconhecido valor, em benefício de minha Real Coroa" (citado por Florentino: 1997, p. 207). Ainda em 1808 o príncipe cederia a Lopes um cargo na Real Junta de Comércio e, no ano seguinte, um *hábito* da Ordem de Cristo. As benesses continuariam, bem como os agrados: em seu inventário *post-mortem* constavam vários empréstimos feitos à Coroa, marcados com a observação "não cobrar" ao lado; em troca, favorecimentos pessoais aos seus negócios, parentes e amigos.

Vários outros casos menores poderiam ser citados. Isso porque a expectativa de privilégios advindos do monarca perpassava a sociedade portuguesa de alto a baixo, fosse na Europa ou na América. Nem todos os alcançavam, obviamente, mas se quisessem obtê-los, a partir de 1808 teriam que se dirigir ao Rio de Janeiro, de preferência pessoalmente. Em função disso, abria-se um espaço de projeção de mudança e prosperidade para a América portuguesa. É o que se vê claramente na paradigmática ação de outro comerciante, ainda que de porte bem menor, Manuel Luís da Veiga. Nascido em Portugal e com negócios em Londres, em 1808 decidiu fixar residência na América após a vinda da Família Real. Também, decidiu mudar de profissão e instalar uma fábrica de cordas em Pernambuco, para cujo empreendimento demandou à Corte, em pessoa, benefícios e "proteção Real".

Como homem de cultura invulgar, Veiga publicou um texto, ainda em 1808, com críticas diretas ao livre-comércio adotado pela Coroa para a América (a abertura dos portos tinha sido decretada em 28 de janeiro), mas não titubeava em conceber o novo continente como espaço de um futuro promissor ao Império português. Sua argumentação era clara: visto o Brasil "não ter fábricas próprias", seria totalmente dependente dos produtos manufaturados da Grã-Bretanha, com a qual qualquer concorrência serial impossível; sua preocupação era com o desenvolvimento manufatureiro interno da América portuguesa, que não poderia mais ser pensada simplesmente como "domínio" ou "colônia" de Portugal. Veiga iria ainda mais longe: falava em nome dos "interesses da Nação Brasileira e de seu Comércio em geral" e que, por isso, "os estímulos de um patriotismo natural" o incitaram a escrever "estas *Reflexões* a tempo de se poderem remediar os danos futuros da nossa Pátria (deixem-me chamar-lhe assim)".

Embora Veiga não estivesse defendendo a separação política entre Portugal e Brasil, é incrível como, usando uma linguagem típica dessa época e oriunda da Revolução Francesa, pretendia ser "bom Patriota" cumprindo com deveres que, embora não excluíssem Portugal, eram *especialmente com o Brasil*. Seu discurso, eivado de reformismo, revela no entanto uma profunda mudança em curso no mundo português.

A nova sede

A cidade de São Sebastião do Rio de Janeiro transformou-se em sede do governo do Vice-Reino do Brasil no ano de 1763, durante o reinado de D. José I e administração do marquês de Pombal. As razões que fizeram com que Salvador perdesse a primazia de capital estão vinculadas tanto à descoberta de ouro e diamantes nas Minas, como à necessidade de maior vigilância sobre a região platina, palco de conflitos entre Portugal e Espanha desdobrados na América colonial. O Rio de Janeiro estava mais próximo geograficamente dessas duas regiões. Mas o crescimento econômico que todo o seu entorno vinha conhecendo no século XVIII também pesou na escolha, sobretudo o da cultura canavieira na região de Campos dos Goitacazes, tocada com mão-de-obra escrava. Dada sua função agroexportadora, o número de engenhos de tal região mais que dobrou entre 1750 e 1777, fazendo com que, em 1789, os escravos representassem praticamente metade da população da capitania do Rio de Janeiro.

Considerando-se a decadência da produção aurífera de Minas Gerais, desde a década de 1760, a preponderância econômica do Rio de Janeiro sobre o resto da América portuguesa já era clara. Entre 1796 e 1811, segundo cálculos do historiador Manolo Florentino, coube ao seu porto o maior volume tanto de exportações como de importações: 38% e 34% respectivamente, enquanto o segundo porto, o da Bahia, registrou 27% e 26%. A partir de meados do século XVIII, a cidade do Rio de Janeiro controlava também o comércio de cativos com a África, assumindo um papel central na sua circulação em todo o centro-sul. No início do século XIX, a cidade provia a maioria dos escravos comprados no Rio Grande, em Santa Catarina, Paraná e São Paulo.

O incremento comercial do Rio de Janeiro favoreceu uma forte concentração de renda nas mãos de grandes negociantes que, segundo a historiadora Eulália Lobo, desde fins do século XVIII formavam "um forte grupo de pressão, individualizado e independente dos grandes fazendeiros, capazes de fornecer crédito ao Rei e aos proprietários rurais e que se faziam representar na Câmara municipal e diretamente junto ao Rei e aos órgãos da cúpula da administração da metrópole" (Lobo: 1978, v.1, p. 56). Pesquisas mais recentes de João Fragoso confirmam que esse grupo, conhecido como de *grosso trato*, remontava a famílias de proprietários há mais de um século instaladas na região, e que reinvestia seu capital acumulado em terras adjacentes à cidade do Rio de Janeiro, além de controlar o comércio de outras áreas mais periféricas, como o Rio Grande.

O crescimento da importância do Rio de Janeiro fez com que, ao longo do século XVIII, os governos aí instalados se preocupassem com obras para aprimorar tanto seu aspecto urbano como sua defesa. O seu primeiro vice-rei, o Conde da Cunha (governaria até 1767), teve ordens expressas para fortalecer militarmente a Baía de Guanabara, além de incrementar o recrutamento de todos os homens válidos. Com o acirramento dos conflitos entre Portugal e Espanha, tais preocupações continuariam nas administrações seguintes. Quanto às melhorias internas da cidade, foi principalmente o segundo Marquês de Lavradio (1769-1779), que as introduziu, calçando ruas, aterrando pântanos e inaugurando o chafariz da Glória, entre outras. Seu sucessor, D. Luís de Vasconcelos, realizou obras ainda maiores: reformou o Largo do Paço de acordo com os padrões "ilustrados" que informaram a reconstrução de Lisboa após o terremoto de 1755, e construiu o Passeio Público. Da mesma forma o Conde de Resende (1790 −1801), abrindo e melhorando ruas, facilitando o acesso ao bairro de Botafogo e investindo na iluminação pública.

No entanto, o Rio de Janeiro não deixava de manter uma de suas mais notáveis características de cidade colonial: cerca de 35% de sua população era composta por escravos, presença constante na sua paisagem urbana quando os monarcas portugueses lá aportaram. Nessa época, estima-se que o total de habitantes da urbe carioca fosse de 50 mil, tendo crescido em quase um quinto em relação ao começo do século, e representando em torno de 25% do total de todo o Rio de Janeiro. Mas seria a partir da chegada de seus novos moradores que a cidade realmente explodiria em tamanho. Mesmo sendo muito exagerada a estimativa de que com a Corte teria chegado uma comitiva de cerca de 15 mil pessoas (o que significaria uma absurda média de 416 pessoas para cada um dos 36 navios da comitiva), não se deve desprezar que uma década depois a cidade dobraria em número de habitantes. Há que se considerar, também, que muitos daqueles que acabariam por fixar residência na urbe carioca o fariam não em 1808, mas, sim, nos anos subseqüentes. No início da década de 1820, ela tinha, metade dos quase 225 mil habitantes da capitania.

Como quer que seja, o impacto da instalação, no Rio de Janeiro, da Família Real e sua comitiva foi grande. As dificuldades de acomodações, a necessidade de novos melhoramentos urbanísticos, bem como nos prédios e habitações, a urgência no envio de víveres e gêneros de abastecimento e a preocupação com formas de controle de seus habitantes são apenas alguns aspectos que cercaram o cotidiano desse processo. A mudança do aspecto geral da cidade foi percebida por Luccock quando a ela voltou em 1813:

> No período que decorreu desde a chegada da Rainha, notaram-se consideráveis progressos para situação mais favorável da capital do Brasil [...]. Acrescentaram-se ruas novas à cidade e fundaram-se novos mercados, enquanto que os antigos melhoraram muito em asseio. As casas fizeram-se mais generalizada e simetricamente caiadas e pintadas; aboliram-se as feias gelosias, e alguns dos balcões, que ficaram, viam-se ornamentados com plantas e flores. Inúmeras pequenas vivendas e jardins enfeitavam as cercanias, tratos de terra eram cuidadosamente cultivados com grama, verdura e flores. As estradas foram alargadas

em várias direções ao mesmo tempo que limpadas de mato e outros quejandos estorvos. (Luccock: 1975, p. 162).

Mas além disso, nos meses imediatos à chegada dos Bragança, a cidade se transformou em ponto convergente de uma série de novas rotas comerciais, internas e externas à América. Despertados em função da Corte, para lá também se dirigiam interesses e investimentos econômicos tanto da parte dos portugueses recém-chegados, como dos grupos proprietários e comerciantes das capitanias adjacentes ao Rio de Janeiro. Para além dos grandes negociantes, também os envolvidos com o mercado de abastecimento – cujo incremento foi vital para acomodação dos novos hóspedes – se articulariam politicamente em nível regional, e atuariam junto à Corte em busca de privilégios.

Para além do comércio marítimo centrado no Rio de Janeiro – cujas principais ligações eram com Portugal, Rio da Prata e África, além das rotas de cabotagem –, duas eram, de maneira geral, as principais vias de negócios internos: uma em direção ao Rio Grande, Santa Catarina e áreas mais próximas da Corte (como Campos e Parati); outra em direção às capitanias de Minas e São Paulo e, por ela, aos centros produtores e consumidores de Goiás e Mato Grosso. Em 1808 as áreas e os agentes envolvidos nestes circuitos vislumbrariam a possibilidade de serem valorizadas; e mesmo que nem todas fossem contempladas diretamente com melhorias, estava em curso um movimento de articulação mercantil que possibilitaria uma articulação também política, envolvendo as regiões do centro-sul, e que se mostraria fundamental para o futuro projeto de independência do Brasil, ainda inexistente.

Tal movimento seria permeado por conflitos, conforme demonstrado há algumas décadas pelo historiador Alcir Lenharo. Os grupos ligados ao alto comércio, junto a setores da nobreza e de burocratas emigrados de Portugal, seriam mais diretamente favorecidos pela presença da Corte; já os proprietários e comerciantes ligados ao setor de abastecimento (em sua maioria de médio porte) cresceriam politicamente em nível local e provincial, mas seriam muitas vezes barrados pelo seletivo processo de nobilitação que imperava no Rio de Janeiro. Mesmo assim, não deixariam, desde então, de exercer sua pressão.

Outro aspecto de aumento da importância da cidade a partir de 1808 esteve nas novas instituições administrativas criadas para o funcionamento do Estado português. Muitas delas, inclusive, seriam uma espécie de duplicata de suas congêneres em Lisboa, as quais continuaram funcionando em Portugal mesmo após a invasão francesa. A instalação da nova sede se fez acompanhar de uma complexa massa de órgãos governativos que, diante do desaparecimento da figura do vice-rei, teriam uma ampla jurisdição, relativa tanto a assuntos da Coroa, como do Império e de todas as capitanias da América. Para a historiadora Maria de Fátima Gouvêa, nesse momento o Brasil já poderia ser considerado, em termos formais, não mais um *vice-reino*, mas sim *um reino*, embora a oficialização dessa condição só viesse com a criação do Reino Unido de Portugal, Brasil e Algarve, em dezembro de 1815.

Logo no mês seguinte ao desembarque da Corte, já tinham sido instalados alguns órgãos vitais para o funcionamento da máquina administrativa lusitana, entre eles: os Tribunais da Mesa do Desembargo do Paço e da Consciência e Ordens, a Chancelaria-Mor e também o Conselho Supremo Militar e de Justiça. Este último era encarregado de das matérias que dissessem respeito a questões militares e de guerra em todos os domínios portugueses. Quanto aos tribunais, o primeiro era a instância máxima pela qual se despachavam os mais variados pedidos de licença encaminhados à Coroa; já o segundo, tratava de matérias referentes aos privilégios eclesiásticos e das ordens militares que, na época, eram considerados questões de "consciência" do monarca. A Chancelaria funcionava para provimento da justiça nas causas em que estivessem envolvidos segmentos da alta nobreza, em geral os cavaleiros das ordens militares. Pouco depois o príncipe regente criaria o cargo de escrivão para o registro das "mercês", reforçando a lógica de que sem os privilégios garantidos pelo monarca a Corte não funcionava.

O conjunto dos tribunais superiores estaria completo com a elevação, em maio de 1808, da Relação do Rio de Janeiro à pre-eminência de Casa da Suplicação, lócus máximo da magistratura na época. Sua congênere continuou a existir em Portugal, mas, em função da guerra, todas as apelações e agravos judiciários provenientes das ilhas dos Açores e da Madeira, da Bahia e do norte da América portuguesa deveriam, doravante, dirigir-se ao Rio de Janeiro que em termos de justiça, adquiriu completa autonomia em relação a Portugal. Tal jurisdição seria diminuída no ano seguinte, com a restauração da antiga jurisdição da Su-plicação de Lisboa, para onde voltaram a se dirigir os recursos do Maranhão e do Pará.

Uma instituição que passaria a desempenhar papel central tanto na organização interna do Estado como no cotidiano da cidade seria a Intendência Geral da Polícia, também criada aos moldes da existente em Portugal (desde 1760). O sentido de *polícia* era, na época, bastante distinto do atual: tratava-se do governo e da administração interna da *república* (entendida como vinculada ao *público*), principalmente no que respeitava às comodidades, isto é, asseio, fartura de víveres e, também, da segurança dos *cidadãos* (entendidos como aqueles que viviam na cidade).

No Rio de Janeiro, o primeiro intendente, Paulo Fernandes Vianna, foi nomeado em maio de 1808, recebendo uma vasta gama de atribuições. Além de atuar na construção de uma rede de comunicações entre as principais autoridades das outras capitanias, funcionando quase como um "imediato" dos vários ministros, teria que cuidar igualmente de melhoramentos urbanos, questões sanitárias, iluminação pública, controle de estrangeiros, emissão de passaportes, construção de estradas, inspeção de navios, cola-boração com o recrutamento e repressão a desordens e capoeiras, entre outras questões. A criação da Intendência no Rio de Janeiro, bem como dos outros órgãos, refletia a lógica de administração das monarquias européias, cuja racionalidade era muito distinta das que viriam a ter posteriormente os Estados nacionais. Naquelas, havia instituições dotadas de ampla atuação, cujos limites de jurisdição eram geralmente justapostos aos de outras, causando permanentes tensões e conflitos.

Ainda em 1808 seriam estabelecidos no Rio de Janeiro o Erário Régio e o Conselho de Fazenda do Brasil (com a supressão da anterior junta, que servia apenas ao Rio de Janeiro), responsáveis pelas matérias financeiras, em junho; e o Tribunal da Real Junta de Comércio, Agricultura, Fábricas e Navegação, em agosto. Sobre este último, vale destacar que grandes negociantes da capital – como o já citado Elias Antonio Lopes – seriam presença constante dentre seus membros. Estes mesmos negociantes teriam um papel destacado no Banco do Brasil que, também criado, em 1808 por alvará de 12 de novembro, iniciaria suas atividades no ano seguinte.

Quanto ao Erário Régio, seu estabelecimento implicava que a imensa massa de recursos derivada da cobrança de impostos não mais seria enviada para Lisboa, devendo permanecer no Rio de Janeiro. A renda daí advinda serviria às obras necessárias para adaptação da cidade à condição de sede da Corte, aos melhora-mentos de sua ligação com outras regiões e capitanias, bem como aos salários da administração. Mas ela não seria suficiente. Por isso, D. Rodrigo de Sousa Coutinho colocou em prática um plano para a criação de novos impostos internos, acalentado desde há muito pelos reformistas portugueses, e que agora era possível em função da abertura dos portos e do estabelecimento dos direitos de importação. Segundo a historiadora Wilma Peres Costa, seria esta a mais duradoura das modificações na fiscalidade referente ao Brasil, mantida até finais do século XIX.

Ainda em junho de 1808, foi criada a "décima urbana" – ou imposto predial – que era um rendimento estabelecido sobre o valor dos prédios situados à beira-mar, a ser cobrado em todas as capitanias (no ano seguinte ela seria estendida aos demais imóveis urbanos). Os recursos daí advindos seriam utilizados em prol da Intendência de Polícia, da remodelação do espaço urbano e do incremento das condições gerais do Rio de Janeiro. Outros impostos se seguiriam à nova taxa: a "sisa" ou imposto de transmissão de propriedade, e a "meia-sisa" sobre a compra e venda de escravos; a "décima" sobre heranças e legados; um outro sobre indústrias e profissões; uma reformulação do imposto do selo do papel; e, posteriormente, uma taxa para financiar o estabelecimento do Banco do Brasil.

Tais impostos, foram introduzidos em todas as capitanias, o que serviu para ampliar significativamente a arrecadação do Erário Régio. No entanto, pouco foi feito para a criação de formas de drenagem de parte das rendas das capitanias para o Rio de Janeiro (problema que perduraria até depois da Independência). Mesmo assim, o descontentamento das populações dessas capitanias, oneradas com o aumento das taxas, não seria pequeno, sobretudo nas províncias ao norte, onde a presença da Corte na América não compensava a pressão fiscal sofrida. Até porque esse sistema de impostos favorecia muito mais as capitanias do centro-sul, sobretudo São Paulo e Rio Grande, que, com economias "de passagens", ganhariam muito mais como impostos sobre o trânsito de mercadorias e imóveis. Os efeitos positivos dessa arrecadação vieram exatamente dessas capitanias, estimuladas pela presença da Família Real no Brasil.

Entre outras importantes instituições criadas no Rio de Janeiro – como a Provedoria da Saúde da Corte e Estado do Brasil (1809) e a Academia Real Militar (1810) –, há que se destacar a criação da Imprensa Régia, por decreto de 13 de maio de 1808. Até então, era proibida a impressão de livros e folhetos em toda a América portuguesa, como também a circulação de obras consideradas "perigosas" pela Coroa. A despeito da manutenção de uma censura prévia, a criação da Imprensa Régia – cujo primeiro livro seria *Observações sobre o comércio franco no Brasil*, de José da

Silva Lisboa, um defensor do livre-comércio – implicaria em importantes mudanças na vida dos habitantes da América portuguesa. Sua relevância pode ser sintetizada em dois pontos: em primeiro lugar, porque em um mundo em convulsão como o vivido em 1808, a circulação de escritos, informações e notícias era muito importante, inclusive para a monarquia, que pretendia sempre reforçar os vínculos dinásticos entre ela e seus súditos; em segundo, porque a circulação desses conteúdos em uma escala muito maior do que era costume na América portuguesa implicaria, forçosamente, alterações nos padrões de sociabilidades existentes, o que incluiria discutir políticas em tempos de revolução. Vejamos com calma cada um, começando pelo primeiro.

Em sua nova sede, a Corte portuguesa não poderia funcionar sem a publicação de documentos oficiais, sem a divulgação de obras que considerava fundamental para o bom andamento do Império, e sem um instrumento de permanente atualização quanto aos assuntos internacionais. Nesse sentido, a Imprensa Régia passou a publicar a *Gazeta do Rio de Janeiro*, o primeiro periódico impresso na América portuguesa, destinado a ser o porta-voz das posições e ações do governo. Iniciado em 10 de setembro de 1808, sua publicação se manteria regularmente até fins do ano de 1822, transcrevendo decisões governamentais, noticiando acontecimentos do mundo inteiro (geralmente copiadas ou resumidas de outros periódicos), dando o movimento do porto do Rio de Janeiro e publicando anúncios. Tudo sem muita análise, como era típico às gazetas monarquistas existentes na Europa desde o século XVIII.

Nas páginas da *Gazeta* também eram eram encontradas descrições de festividades públicas vinculadas à monarquia portuguesa, bem como notícias de todos os natalícios, casamentos e funerais das pessoais reais, além dos espetáculos de gala e de "beija-mão" (quando os súditos enfileiravam-se para beijar a mão do monarca). Muitas vezes eram publicados números extraordinários, em ocasiões políticas especiais. Tais festas públicas funcionavam, à época, como um importante mecanismo de reafirmação dos valores da monarquia por meio da manipulação de seus símbolos, e da reiteração dos princípios da Igreja, cujas datas comemorativas eram razão para as cerimônias mais freqüentes. Nessas ocasiões, a cidade era cuidadosamente preparada, suas ruas enfeitadas, os palcos e alegorias concebidos por artistas e arquitetos, tudo para recriar a mística do monarca e da Corte em sua nova sede americana.

Mas se, no Rio de Janeiro, a imprensa contribuiria para reforçar os valores políticos tradicionais da monarquia portuguesa, ela também apontaria para mudanças que essa mesma monarquia desejava evitar. Por um lado, não há como negar que, com a chegada da Família Real à América e sua necessidade de difundir informação, os assuntos da política passariam a ser mais presentes no cotidiano dos seus habitantes, potencializados, pelo contexto internacional vivido em 1808. Por outro, nesse contexto, a criação e atuação da imprensa estavam atreladas ao alargamento de espaços públicos de discussão que, embora já existentes anteriormente, agora seriam alargados, transbordando os tradicionais limites dos círculos cortesãos. Os múltiplos e contraditórios potenciais da imprensa seriam desde sempre sentidos na América portuguesa, onde ela certamente contribuiria para manter a ordem, mas poderia também ajudar a subvertê-la.

Era assim que o arguto e irônico Hipólito da Costa via no estabelecimento da imprensa no Brasil uma medida louvável, mas muito tardia, nela encontrando pretexto para criticar o governo imperial português:

> O Mundo talvez se admirará que eu vá enunciar, como uma grande novidade, que se pretende estabelecer uma imprensa no Brasil; mas tal é o fato. Começou o século 19, e ainda os pobres Brazilienses não gozavam dos benefícios que a imprensa trouxe aos homens; nem ainda agora lhe seria permitido esse bem, se o Governo, que lho proibia, acocado, na Europa, se não visse obrigado a procurar um asilo nas praias da nova Lusitânia. (*Correio Brasiliense*, I, 10/1808).

O próprio Hipólito era, ele mesmo, uma corporificação exemplar do mundo português em transformação. Ainda que profundamente crítico – isto é, de acordo com os padrões intelectuais do reformismo ilustrado português do qual era herdeiro –, seu periódico era, para a Corte do Rio de Janeiro, fonte indispensável de análise e informação acerca do Império, do resto da América e da Europa. Dessa forma, por mais que seu redator se mantivesse monarquista convicto até o fim da vida, o *Correio Brasiliense* seria um espaço a partir do qual a crítica política ganhava forma e ajudava a abalar os alicerces dessa mesma monarquia.

Um exemplo da contundência de sua crítica está na forma com que Hipólito se referiu à criação da Intendência da Polícia no Rio de Janeiro. Para ele, em Portugal no tempo de Pombal, a instituição teria firmado o "despotismo odioso do Governo", desferindo "o último golpe à liberdade civil dos Portugueses", arruinando "os fundamentos da jurisprudência criminal pátria" e dando "origem ao sistema de terrorismo" (vale lembrar que em Portugal o próprio Hipólito tinha sido perseguido pela Intendência). Quanto à Intendência do Rio de Janeiro, ele não seria tão categórico na acusação, mas procurava alertar todos os portugueses do "perigo que os cerca[ria]" com sua criação, por parecer-lhe inconcebível que "a administração da Justiça, [fosse] violada, [e] a liberdade do cidadão atacada" (*Correio Brasiliense*, II, 06/1809). Era assim que, mesmo monarquista convicto, o redator do *Correio* já propugnava um dos mais essenciais valores dos novos tempos: o direito de expressão pública.

No mundo ocidental de inícios do século XIX, era impossível conter a emergência da crítica política mesmo em ambientes políticos tradicionais. Dessa forma, ainda que a transferência da Corte para o Rio de Janeiro tenha conseguido preservar a legitimidade da dinastia e a unidade do Império por mais de uma década, a medida acabaria por aprofundar a crise geral que a envolvia. A crítica política estava, cada vez mais, na ordem do dia. Não à toa, o temor a qualquer suspeita de prática subversiva e revolucionária

– como já se disse, acreditava-se que a Revolução Francesa de 1789 ainda estava em curso, com Napoleão – seria pretexto para tentativas de controle, sobretudo na sede da Corte.

O intendente Vianna teria carta branca para agir, recolhendo impressos, coibindo comportamentos tidos como desviantes, e controlando a entrada de estrangeiros. Assim, desde o momento em que a Família Real chegou à América, os franceses que habitavam o território luso-americano ou que nele adentrassem pelo principal porto seriam, de antemão, considerados suspeitos (a própria tomada de Caiena, atual Guiana, ordenada pela Corte em 1809, teria o caráter de neutralizar um território napoleônico vizinho ao Brasil). A partir de 1810, com a abertura dos processos de independência na América espanhola, a presença de espanhóis – em especial, os americanos – também começaria a ser temida e controlada. A proximidade com essas áreas amedrontava as autoridades reais, não apenas pela possibilidade de conflitos armados contra governos potencialmente inimigos mas também – e talvez principalmente – porque naturalmente poderiam servir como porta de entrada de idéias perigosas, que poderiam contribuir para a desagregação do Império Português.

Mas era impossível controlar plenamente a disseminação de novos padrões de sociabilidade, pautados em discussões políticas. Ainda mais em um ambiente agitado, acelerado, onde cada vez mais coexistiam visões e expectativas diferentes em relação ao futuro da monarquia portuguesa. Em 1809, tal impossibilidade foi reconhecida pelo intendente Vianna quando, respondendo a um ofício de D. Rodrigo Coutinho, alertava o ministro a respeito de um alemão que zombava da autoridade do príncipe regente: "são tão freqüentes estes casos que se eu os tivesse levado à presença de Vossa Excelência sempre nenhuma outra correspondência teria esta Intendência". Isso mostra que a Família Real de fato encontrara um bom abrigo na América, transformara a cidade em Corte, mas os estadistas portugueses sabiam que pisavam em ovos.

Políticas de D. João (para o Império) na América

Assim que desembarcou em Salvador, D. João assinou a carta régia de 28 de janeiro de 1808, abrindo os portos da América portuguesa às nações estrangeiras aliadas ou neutrais. Nela, decretava "provisoriamente, enquanto não concedido um sistema geral", que fossem "admissíveis nas alfândegas do Brasil todos e quaisquer gêneros e mercadorias transportadas em navios estrangeiros das potências que se conservam em paz e harmonia com a Real Coroa", ou em "navios dos vassalos". Os artigos importados pagariam 24% de imposto de entrada, sendo 20% de "direito" e 4% de donativos, cobrados, porém, em dobro quando se tratasse de vinhos, aguardentes e azeites doces, um evidente protecionismo aos tradicionais produtos portugueses. Era nesses termos que se adotava a liberdade de comércio como base para as práticas mercantis do Império. Um dos seus principais divulgadores seria o já citado José da Silva Lisboa, futuro Visconde de Cairu, que, como entusiasta das idéias de Adam Smith, se tornaria um dos maiores propagandistas dos princípios da economia política em terras americanas.

A medida era inevitável, exigida pela simples presença da Corte na América. Além de oferecer uma alternativa de incremento de tributação para a Real Fazenda, deve-se destacar que o monopólio colonial já tinha sido praticamente abolido na América espanhola (com uma série de medidas adotadas entre 1765 e 1795), e que o mundo mudara significativamente em relação àquele onde a proteção comercial se sustentava como modelo. As vantagens que a Grã-Bretanha tiraria da medida de 28 de janeiro não seriam poucas, o que se confirmaria pouco depois nos conhecidos tratados de 1810, nos quais a abertura "provisória" de 1808 seria um pouco alterada com a cessão de privilégios à economia britânica.

No entanto, em 1808 o governo de D. João buscou também incentivar o comércio com outros Estados aliados. Nesse mesmo ano, um ministro plenipotenciário português encontrava-se na

Corte de Estocolmo, na Suécia – ainda uma potência aliada da Grã-Bretanha –, oferecendo vantagens e cartas de recomendações aos negociantes desse país que quisessem "vender as manufaturas e produtos" no Brasil. Em documento dirigido à Junta de Comércio daquela cidade, afirmava que o príncipe regente ordenara "que o negócio e navegação para o Brasil e seus domínios [fosse] aberto, livre, e permitido a todos os vassalos suecos" (*Correio Brasiliense*, II, 01/1809). Há indícios que missões como essa foram enviadas também a outras "nações amigas".

Mas se a medida pôde ser saudada como uma inovação derivada do próprio translado dos Bragança, formalizando a quebra da situação colonial, sua positividade estava longe de ser unânime entre o setor mercantil luso-americano. Ela suscitou os temores dos comerciantes locais em relação à disputa de espaço com estrangeiros. Foi assim que D. João, logo que desembarcou no Rio de Janeiro, recebeu uma representação em que o corpo de comércio da cidade demonstrava preocupação com a penetração dos ingleses (outra similar lhe havia sido entregue pelos portugueses da Bahia, conforme veremos no capítulo 3). Assim, reivindicavam proteção aos seus negócios:

> Dizem os abaixo assinados, mercadores de lojas de varejo nesta Corte, que sendo este o seu modo de vida se acham reduzidos agora à última ruína e miséria por isso que os Ingleses de novo vindos têm estabelecido algumas lojas de varejo [...] e estabeleceram, não havendo proibição, quantas puderam, e porquanto desta sorte vem todo o Comércio desta Corte a ficar em poder dos mesmos Ingleses, quando são eles os Negociantes de grosso e assim podem fazer os monopólios que quiserem. (citado por Piñero: 2002, p. 42).

O receio não era infundado. Sobretudo porque se tratavam de negociantes envolvidos com o pequeno comércio de varejo, e que tinham menores possibilidades de lidar com concorrências às suas atividades. Sua pressão sobre o governo de D. João continuaria nos anos seguintes, quando os privilégios aos negociantes britânicos se tornaram evidentes. Em uma outra representação (que não possui data, mas parece ter sido escrita depois da outra), homens de negócios do Rio de Janeiro diziam se ver na "mais dura consternação" devido "à perda total no giro de seu comércio" pela ação dos britânicos, a qual levara ao fechamento de muitas de suas casas e lojas. Reivindicavam mudanças na legislação que lhes era desfavorável, alegando que não seria da "Real intenção piedosa de Vossa Alteza Real que o Corpo do Comércio experimente tantos prejuízos" (citado por Piñero: 2002, p. 44). Sendo o número de pequenos e médios comerciantes bastante considerável na cidade, eles acabariam por articular um espaço de resistência a transformações que lhes causassem perdas.

Por sua vez, os grandes negociantes, os de "grosso trato", não seriam prejudicados com a abertura dos portos. Como controladores de importantes rotas mercantis internas e externas, solidamente instalados no comércio atlântico em função do tráfico negreiro, a concorrência britânica teria um impacto muito menor sobre suas atividades. Além disso, tirariam muita vantagem da nova realidade do Império, podendo usufruir até mesmo dos benefícios advindos da expressiva fuga de capitais para a nova Corte em detrimento de Lisboa.

Em Portugal, a mudança da Corte implicaria, de imediato, uma contração dos negócios. Isso fica evidente, por exemplo, quando o contador oficial do governo, Maurício José Teixeira, propôs na *Introdução da balança geral de comércio de 1808* a junção dos dados de comércio dos "domínios com as nações estrangeiras" em um só volume, visto que as transações feitas por Portugal faziam, nas suas palavras, "muito diminuta essa balança" (citado por Leite: 1976, p. 70-71). Há que se notar que o Rio de Janeiro era, já desde antes de 1808, o maior mercado consumidor das exportações de Lisboa. Entre os anos de 1803 e 1804, o volume de seus negócios com a metrópole alcançava 71% do total de movimentações, sendo que para o restante do Brasil a cifra era de 18%, para a África, 7% e para a Ásia, 4%. Boa parte das mercadorias provenientes da península era depois dirigida para outras regiões, formando circuitos internos à própria colônia.

Dessa forma, a desconexão entre Lisboa e Rio de Janeiro, provocada pela invasão napoleônica de 1807, ativaria a circulação monetária na segunda, ao frear a desmonetarização e entesouramento típicos da ex-colônia com a interrupção do tradicional circuito de metais preciosos e de afluxos financeiros, que antes seguiam para o Erário Régio em Portugal. Seu resultado imediato seria um aumento, no Rio de Janeiro, da capacidade de importação e da velocidade de difusão de numerário, que se desdobraria num crescimento notável de investimentos. Assim, a partir de 1809 a nova sede do Império passou a importar escravos em números especialmente altos, e observar o surgimento de uma específica associação de capitais que se apropriariam de um ramo muito lucrativo: os seguros. A primeira de suas companhias (a Companhia de Seguros Marítimos) iniciaria suas atividades em 1810, controlada por grandes negociantes, todos também acionistas do Banco do Brasil. Dessa forma, a política do governo de D. João em sua nova sede permitiria uma forte autonomia da economia luso-americana em relação à de Portugal.

No tocante à política externa, a transferência da Corte também ocasionaria sensíveis transformações. Em 21 de julho de 1808, D. Rodrigo Coutinho escreveu ao príncipe regente uma representação, aconselhando-o a respeito dos domínios espanhóis na América. Sua razão era a ameaça que pairava sobre "os domínios espanhóis vizinhos e confinantes dos Estados de V.A.R.", de que "caiam nas mãos dos Franceses, e de que resultem daí males incalculáveis", o que exigiria prontas medidas como "meio de segurar a perfeita independência de V.A.R. no Sul da América". A receita do ministro era reforçar a defesa das fronteiras por-

78   A CORTE E O MUNDO

tuguesas na América, em especial o "Pará e Estados adjacentes", pela proximidade com Caiena, e a margem setentrional do Rio da Prata, por cuja conquista "não só procurávamos a aquisição de um terreno fertilíssimo, mas segurávamos a nossa defesa contra um tão ativo e cruel inimigo como Bonaparte"(citado por Pimenta: 2003, p. 27).

Dessa forma, o conde de Linhares lançava as bases daqueles que seriam, pelos próximos anos, os fundamentos da política portuguesa em relação aos territórios vizinhos ao Brasil, sede da Corte: precaução e defesa mesclados com agressividade e expansão territorial. A citada representação testemunha o início de uma administração voltada com especial interesse para a preservação dos domínios americanos, admitidos como essenciais para a integridade do Império e da nação portuguesa, numa tarefa que a obrigaria a se voltar também, cada vez mais, para a vizinhança desses domínios. Em várias ocasiões, o argumento das "fronteiras naturais" seria usado como legitimação da ostensiva prática que os portugueses levariam a cabo nos extremos norte e sul, carregando consigo uma ancestralidade de conflitos de jurisdição que remontavam ao período colonial.

Os temores em relação à França de Napoleão não eram infundados. Vimos no capítulo 1 como nos interstícios da anterior aliança franco-espanhola eram expressas as pretensões de partilha de territórios de Portugal, o que incluiria inevitavelmente suas colônias. A guerra européia, em 1808 polarizada entre França e Grã-Bretanha, envolvia Portugal, Espanha e suas respectivas colônias, sendo percebida com expectativa e temor por homens como D. Rodrigo, que não somente receavam investidas militares francesas e britânicas ao ultramar ibérico – as malogradas expedições francesas a Saint-Domingue em 1802 e britânicas ao Rio da Prata em 1806 e 1807 forneciam uma incômoda lembrança – mas também represálias de ordem mercantil ou diplomática.

Incômoda era também a efetiva presença francesa em territórios americanos, como era o caso de Caiena (atual Guiana), fronteiriça à capitania portuguesa do Grão-Pará. Por isso, ao temor de expansão revolucionária na região, juntavam-se motivos geopolíticos para decisão de sua ocupação, que duraria mais de oito anos. O que comprovava o fato de que a Corte, cada vez mais, subsidiava sua política externa em função de uma simbiótica interação com a realidade política da vizinhança. Dias após a instalação do príncipe regente no Rio de Janeiro, o mesmo D. Rodrigo escreveu um ofício, datado de 13 de maio, às autoridades espanholas de Buenos Aires, oferecendo-lhes "proteção" contra os franceses, ao mesmo tempo ameaçando o Vice-Reino do Rio da Prata com o peso de uma aliança recém-firmada com a poderosa Grã-Bretanha. Dentre todos os territórios hispânicos da América, o Rio da Prata seria, doravante, o de maior interesse para a Corte portuguesa, mobilizando por anos a fio seus esforços por tirar proveito das diferentes situações em que este se encontrava.

Um desses esforços foi direcionado para o projeto político carlotista. No *Manifesto dirigido à los fieles vasallos de Su Magestad Católica El Rey de las Españas e Índias*, de 19 de agosto de 1808, D. Carlota Joaquina, esposa de D. João, princesa do Brasil e irmã mais velha de Fernando VII (o rei da Espanha preso por Napoleão), oficializou suas intenções. No texto, ela clamava publicamente pela soberania e integridade da monarquia bourbônica com a pretensão de ser reconhecida como legítima sucessora do monarca espanhol impedido, para o que se dirigia a todas as principais autoridades e súditos do Império Espanhol. Junto com o *Manifesto*, remetia outros dois documentos que, firmados na mesma data, confirmavam o auxílio do príncipe regente português D. João – e, em decorrência, da Grã-Bretanha – na tarefa de combater na península o invasor francês, "inimigo comum" de Portugal e Espanha, e de manter na América a integridade dos princípios de legitimidade dinásticos ameaçados.

Amparado pelos gabinetes português e britânico, o projeto carlotista conheceu na América espanhola repercussões variadas e complexas. É certo, ele chegou às Filipinas, Nova Espanha, Cuba, Guatemala, Nova Granada, Venezuela, Peru, Quito e Chile. Em algumas dessas regiões, foi empreendido também um trabalho silencioso de contato com pessoas influentes e de tentativa de persuasão por meio de correspondência privada e reservada. Em nenhuma dessas partes, entretanto, provocou adesões tão consistentes como no Vice-Reino do Prata, onde a importância do comércio com a América portuguesa estabelecera uma rede de fluxos bastante propícia a aproximações políticas. Mas mesmo ali, apesar de seu apelo legitimista monárquico, coerente com o universo que se desenhava para a ação externa da Corte portuguesa – que sempre que podia se dizia solidária com a Espanha e seu Império, contra o Império Francês –, a solução foi encarada como uma subversão da ordem, uma perigosa alternativa política que produziria efeitos colaterais imprevisíveis. Assim, não foi para frente (voltaremos ao assunto no capítulo 4).

No plano interno, D. João daria início a uma política ainda mais violenta contra aqueles que rapidamente seriam transformados em inimigo comum: as populações indígenas, sobretudo as do centro-sul. Como política de Estado, o seu extermínio generalizado seria formalizado por meio da retomada da "guerra justa" contra os povos autóctones que habitassem áreas não-colonizadas pelos portugueses e tidas como estratégicas. O retrocesso em relação à política pombalina do século XVIII foi evidente, já que a concepção que alimentara a criação do "Diretório dos Índios", aprovado em 1755 pelo ministro de D. José I, caía por terra. Naquela ocasião, havia sido implementada uma série de medidas que visavam a transformação dos aborígenes em vassalos do rei português, com a substituição da catequização por uma forma laica de administração, pondo fim ao monopólio que as ordens religiosas mantinham sobre eles há séculos. Tal concepção, cujo ápice se deu com a expulsão dos jesuítas em 1759, coadunava-se perfeitamente com o esforço empreendido por Pombal no sentido de, aumentando a base humana de sustentação da monarquia, reforçar a ação do Estado metropolitano em terras americanas.

O Diretório dos Índios foi implementado na tentativa de pôr fim à política ostensiva de escravização dos índios que predominava em muitas partes da América portuguesa. No entanto, seu funcionamento foi controverso. Mesmo que igualados aos demais portugueses na condição de súditos, os indígenas não seriam plenamente considerados aptos para vida "civilizada", devendo por isso ser tutelados por diretores (agentes coloniais) que administrariam seus bens e interesses. A idéia era que os aldeamentos fossem paulatinamente extintos, transformados em vilas ou freguesias; mas isso quase não ocorreu. Em 1798, o Diretório foi anulado durante o reinado de D. Maria I, mas os povos indígenas mantiveram sua condição de súditos.

Por mais que a guerra "defensiva" fosse permitida pelo Diretório e continuasse prevista mesmo após sua extinção, a formalização do extermínio indígena veio a partir de 1808. Nesse ano e no seguinte, D. João promulgou uma série de cartas régias autorizando "guerra justa" contra autóctones de Minas Gerais e de São Paulo, regiões estratégicas para o desenvolvimento econômico interno estimulado pela Corte. Assim, como afirma uma especialista no tema, Manuela Carneiro da Cunha, já no início do século XIX, por ação da Coroa portuguesa, a questão indígena deixava de ser, essencialmente, de mão-de-obra, para se tornar uma questão de terras, mesmo sem desaparecer a exploração dos índios como trabalhadores.

Em 1808, a agressiva política movida contra os povos indígenas pelo governo de D. João aliou-se à necessidade de ocupação efetiva do território, incluindo áreas de fronteiras com as possessões espanholas, transformando-os em verdadeiros obstáculos à prosperidade do Império Português. As tribos localizadas entre as capitanias de Minas Gerais, Bahia (Ilhéus e Porto Seguro) e Espírito Santo – áreas empobrecidas com o definhamento das minas,

82 A CORTE E O MUNDO

e que pareceram importantes para fixação de novos povoadores – seriam genericamente denominados como "botocudos", associados à antropofagia e à selvageria. Em 13 de maio de 1808, D. João ordenava ao capitão general das terras mineiras que "desde o momento em que receberdes esta Minha carta régia, deveis considerar como principiada contra estes Índios Antropófagos uma Guerra Ofensiva" (citado por Cunha: 1992).

A política em relação aos indígenas adotada por D. João no Brasil teria longevidade. As tentativas anteriores de equipará-los aos demais súditos não gozaram de prestígio quando do processo de formação nacional e, após a Independência, nossos primeiros legisladores não tiveram grandes problemas em deixá-los de fora da categoria de "cidadãos brasileiros". Como afirma a historiadora Fernanda Sposito, "os indígenas deveriam ficar alheios a esse processo e o pacto político não deveria ser estabelecido com as populações autóctones" (Sposito: 2006, p. 30).

O tráfico negreiro: uma África para o Brasil

Como vimos no capítulo anterior, o ano de 1808 iniciou-se com a entrada em vigência de duas medidas simultâneas, independentes entre si: a proibição do tráfico negreiro tanto nos Estados Unidos como no Império Britânico. A segunda, mais abrangente, teria maior impacto em escala mundial. Os plantadores das Antilhas Britânicas, por exemplo, uma região de colonização em franca expansão em 1808, viram-se privados de seu suprimento regular de mão-de-obra. Na África, seu impacto seria bastante desigual: imediatamente ao norte da linha do Equador, ele seria devastador, especialmente na Costa do Ouro e nas Baías de Benin e de Biafra (que compunham a chamada Baixa Guiné), principal área exportadora de escravos da África no século XVII e no início do XVIII; mas na África centro-ocidental (zona congo-angolana) ele seria bem menor, sem imprimir mudanças significativas no volume e no valor dos escravos vendidos, apesar do deslocamento de parte do comércio equatorial para lá.

O Império Português teria um papel fundamental nessa variação, pois enquanto a Grã-Bretanha abolia o tráfico em seus domínios e iniciava uma campanha contra seu exercício em outras partes do globo, visando com isso neutralizar as vantagens que os fazendeiros de açúcar da América portuguesa e de Cuba obtinham no mercado mundial, o porto do Rio de Janeiro continuaria a comprar escravos da zona congo-angolana. E com a abertura dos portos, o consumo de cativos pela América portuguesa aumentaria sensivelmente, garantindo a estabilidade dos mercados fornecedores africanos.

Quando a Corte chegou ao Rio de Janeiro, a cidade concentrava o maior número de traficantes de escravos da América portuguesa. Além disso, como vimos acima, o notável aumento na capacidade de investimentos em decorrência de sua transformação em sede do Império propiciaria uma maior importação de africanos, cuja mão-de-obra era adequada à aceleração da economia do centro-sul. Nesse sentido, a posição estratégica da Corte portuguesa em sustentar a manutenção do tráfico, nos anos seguintes a 1808, contemplava o interesse de uma elite mercantil que, cada vez mais, se atrelava ao Estado, ocupando postos de destaque e defendendo seu prestígio e seus privilégios.

De acordo com Manolo Florentino, em 1805, ainda sob o regime de monopólio, aportaram no Rio de Janeiro 810 navios negreiros; em 1806 foram 641; em 1808 foram 765; e em 1810, já sob regime de livre comércio, foram 1.214 entradas. Depois disso, tal número cairia em alguns momentos, mas nunca voltaria aos índices observados antes de 1808 (a mesma tendência se observaria na década de 1820, quando o nascente Império do Brasil se fazia, desde o início, fortemente escravista).

A principal área exportadora de homens para o Rio de Janeiro era, portanto, a África centro-ocidental, que compreendia os antigos Reinos de Angola, do Congo e vários Estados do interior, e que continha os portos de Luanda e Benguela. Pela década de 1720, o Rio já era o mais importante centro receptor na América portuguesa de escravos oriundos de Angola (à frente da Bahia e do Recife). O advento e expansão da mineração alimentaram sua economia costeira, fazendo a demanda por escravos africanos aumentar de forma significativa, conectando mais fortemente a cidade a Luanda, o maior e mais próximo porto de venda de escravos do outro lado do Atlântico. Os negociantes do Rio de Janeiro também começaram a enviar os seus representantes para Angola, a fim de estabelecer firmas comerciais subsidiárias.

Foi também nessa época que traficantes de escravos do Rio de Janeiro começaram a transferir suas operações para Benguela, longe do domínio dos capitalistas comerciais metropolitanos e da supervisão do governo português. Eles rapidamente se apoderaram do porto marítimo da pequena comunidade, que anteriormente servia de apêndice ao comércio da capital colonial de Angola e, em 1730, obtiveram autorização da Coroa para embarcar os escravos da região diretamente para a América. Entre as décadas de 1750 e 1760, traficantes da Bahia e do Recife também começaram a atuar na região.

Na década de 1790, com a revolta de escravos e libertos na colônia francesa de Saint-Domingue – grande produtora de açúcar –, a procura por braços africanos aumentaria, consolidando toda a área angolana como vital para a reprodução econômica da América portuguesa. No geral, os escravos eram trocados por tecidos, armamentos (mosquetes, revólveres e pólvora) e por geribita – aguardente produzida nas plantações de cana do centro-sul do Brasil, que passaria a ser uma mercadoria cada vez mais importante para os comerciantes do Rio de Janeiro. Este seria seu maior exportador: segundo números contabilizados por José Curto, de um total de 169 barcos luso-americanos carregados de cachaça e que fizeram escala em Luanda entre 1800 e 1808, 112 tinham origem naquele porto, 32 no da Bahia e 25 no do Recife. No entanto, a partir da abertura dos portos da América portuguesa em 1808, a possibilidade de obter cada vez mais produtos europeus e asiáticos enfraqueceria bastante a posição da geribita no comércio com Luanda. Mesmo assim, o Rio de Janeiro continuaria sendo o principal entreposto de abastecimento daquele porto.

O território da atual Angola corresponde, em linhas gerais, ao antigo Reino de Angola, partes do antigo Reino do Congo e outros territórios a eles adjacentes. Especificamente o Reino de Angola era uma região especial para a América portuguesa, com a qual estabelecera uma relação de complementaridade que remonta aos séculos XVI e XVII. Até princípios do XIX, a efetiva ocupação portuguesa do Reino restringia-se aos núcleos costeiros de Luanda e Benguela (esta, desde o século XVIII, respondia à administração de Angola). Segundo estimativas de Jill Dias, em fins do século XVIII, a população de toda a África centro-ocidental – uma área abrangendo cerca de 2,5 milhões de quilômetros quadrados – estava entre 10 e 20 milhões de pessoas, desigualmente distribuídas em uma paisagem que alternava centros urbanos com florestas e áreas quase desertas. Nas duas primeiras décadas do XIX, Luanda e Benguela, incluindo suas adjacências, contabilizavam entre 250 mil e 300 mil habitantes.

A etapa inicial da inserção da região centro-ocidental da África nos circuitos do comércio mundial ocorreu entre 1480 e 1570, quando o tráfico negreiro português foi viabilizado pela forte atuação da Coroa, que estabeleceu alianças cada vez mais sólidas com os grupos dominantes locais, tentado exercitar o monopólio. No início do século XVI, os portugueses se instalaram em São Paulo de Luanda, transformando-a em uma verdadeira colônia. Esse sistema acabaria ampliado com o impressionante aumento da demanda por braços no mundo atlântico a partir do século XVII e pela expansão de seu mercado no próprio continente africano. Estima-se que, para o século XVI, cerca de 30 mil escravos provenientes daquela região teriam desembarcado na América, índice que subiria para algo em torno de 500 a 700 mil no século seguinte, quando a competição mundial em torno do açúcar já estava consolidada no Brasil e no Caribe, sobretudo o holandês. Dessa forma, a estrutura colonial existente em Angola estaria marcada por "um aparato burocrático e comercial, cujo fim último passou a ser o de controlar as rotas de exportação de força de trabalho para alimentar a economia de além-mar" (Florentino: 1997, p. 95). Cada vez mais, os portugueses intervinham diretamente na vida política e militar local, buscando controlar rotas, baixar as taxas cobradas por mercadores nativos e expandir a captura de homens pelo litoral e interior.

A fase áurea do tráfico negreiro na zona angolana se deu entre 1760 e 1830, em detrimento do comércio da Baixa Guiné. Na primeira metade do século XVIII, a média anual de suas exportações era de 15 a 20 mil escravos por ano, atingindo 34 mil na segunda metade do século. Nessa época, houve um processo de interiorização da captura de escravos destinados, sobretudo, à América. Três eram então os principais portos de comércio escravista: o primeiro, ao norte, comandado por franceses, ingleses e holandeses; os outros dois eram Luanda e Benguela, na zona angolana onde se concentravam os portugueses.

No Reino de Angola, Luanda se integrava perfeitamente às rotas que foram sendo ampliadas em direção ao interior em busca de cativos. De acordo com as estimativas existentes, de uma média anual de 12 a 15 mil escravos que a zona angolana destinava à América portuguesa, saltou-se para cerca de 40 mil entre 1780 e 1800, atingindo números sem precedentes a partir de 1810. Os totais de exportações de braços registradas a partir de Luanda e Benguela são: 168 mil para os anos de 1791 a 1800; 188 mil e 400 de 1801 a 1810; e 246 mil de 1811 a 1820. Em Luanda, as exportações para a América portuguesa mantiveram uma média de 12.156 cativos durante a primeira década do XIX, um aumento de 18,5% em relação à década anterior. De Benguela, a média anual entre 1790 e 1795 era de 9.275 escravos, o nível mais elevado alcançado pelos seus negócios que, a partir daí, baixariam bruscamente, deixando para Luanda o papel de principal porto negreiro da região.

Dessa forma, foi perene a luta pelo controle do comércio da mão-de-obra cativa que sustentou, durante séculos, as principais relações entre europeus e africanos no continente, sendo a apreensão e o tráfico de homens as principais chaves de poder e de riqueza tanto para os portugueses como para os próprios chefes locais africanos. A guerra era um instrumento fundamental para a aquisição e comercialização de cativos, além de servir como mecanismo de expansão e conquista de novas populações e tributos. Foi assim que o início das chamadas "Guerras Angolanas" (travadas entre 1575 e 1683) marcou também o início de um grande aumento de oferta de mão-de-obra na região, com o declínio da participação congolesa no tráfico.

Com o extraordinário aumento daa demanda por braços que marcou o século XVIII, os tradicionais Estados bantu (em regiões da atual Angola), conectados com o Reino de Angola, tenderam a se afirmar como instâncias de poder, transformando-se em aparatos militares que tinham por necessidade garantir uma oferta elástica de braços para a exportação. Dessa forma, e pela debilidade demográfica de algumas regiões, intensificaram-se as entradas pelo interior até a savana, nas densas e altamente povoadas florestas, que garantiriam um fornecimento maciço de escravos. Foi esse "império" longínquo o principal gerador dos cativos exportados nas costas de todo o litoral angolano, fonte de riqueza dos sistemas políticos africanos e portugueses. Ao que parece, sua estrutura era semelhante a uma federação comercial e tributária, relativamente coerente e estruturada, cuja influência se estendia sobre uma vasta área entre o rio Cuango e os povos lovale do alto Zambeze. Mais ao norte, havia as regiões de Loango e do Congo, e, nas terras altas ao sul do rio Cuanza, existiam vários poderosos Estados, entre eles, Bailundo, Huambo, Galangue e, sobretudo, Bié, um dos entrepostos mais avançados e estratégicos do comércio colonial.

Tais sistemas políticos, autônomos, densamente povoados e militarmente poderosos, encurralavam os estabelecimentos portugueses costeiros com os quais mantinham relações comerciais e políticas. Em função disso, aprimoraram-se suas rotas de distribuição feitas por caravanas nativas ou por meio do estabelecimento de feiras regionais, continuamente freqüentadas por mercadores africanos e portugueses.

Na zona angolana, o impacto do desenvolvimento do tráfico transatlântico foi profundo, inclusive no tocante à formação de identidades sociais e políticas que a emergência de uma série de Estados poderosos dispersos pela savana – verdadeiras máquinas de guerra que acompanharam a intensificação do comércio negreiro – fez surgir ao longo dos séculos XVIII e XIX. O envolvimento de suas populações com o tráfico português criou clivagens entre grupos vizinhos, tais como os lundas, os imbangalas e os quiocos do médio Cuango, ou entre povos agricultores da bacia do Congo e das terras altas do planalto central, mais tarde designados ovimbundos. O poder das dinastias políticas que lideravam a maioria desses Estados dependia do monopólio dos bens importados do Atlântico e, portanto, dos núcleos coloniais portugueses, o que lhes permitia acumular capital humano (crianças e jovens, clientes e escravos) em troca da redistribuição desses bens. Dessa forma, o comércio de cativos foi determinante nas relações políticas entre os povos, e devastador no tocante às relações sociais e familiares africanas.

Do outro lado do Atlântico, o Rio de Janeiro estava umbilicalmente atrelado a essas transformações. Desde o século XVIII era o principal entreposto do comércio de homens que abastecia o centro-sul da América portuguesa, bem como Montevidéu, Buenos Aires, Peru e Alto Peru, na América espanhola. Seus grandes negociantes passariam inclusive a controlar tais rotas, o que lhes garantiu uma posição confortável diante do quadro de mudanças implementadas em 1808, principalmente a abertura dos portos. Isto é, desde que, obviamente, o tráfico fosse mantido. Com o governo de D. João, o tráfico foi mais do que mantido: foi incentivado, incrementado, alargado, e o fatídico ano de 1808 seria o prenúncio de uma maior e mais violenta escravização de braços no mundo atlântico. Dessa forma, se para alguns a instalação do príncipe regente no Rio de Janeiro abria grandes expectativas em relação a um futuro melhor, esse não era, definitivamente, o caso dos africanos que ainda estariam por chegar à América.

A Corte e os outros Brasis

São Salvador da Bahia de Todos os Santos foi a primeira cidade da América em que o príncipe regente D. João colocou seus pés. A esquadra que o conduzia – composta por três naus, uma fragata e um bergantim – fora separada das outras em função de uma tempestade em alto-mar, e para lá rumou em janeiro de 1808. No dia 6, o governador João de Saldanha da Gama, Conde da Ponte, havia recebido a notícia de que a Família Real deixara Lisboa em direção ao Rio de Janeiro, e assim, poucos dias depois, foi com muita surpresa que avistou a esquadra no porto baiano. O mais rápido que pôde, ele providenciou os devidos disparos de canhões, salvas e festividades condignas à Real pessoa, e foi ao encontro de sua nau, ainda no mar, para receber ordens do príncipe, que desembarcaria em um memorável dia 24.

Por cerca de um mês permaneceu a comitiva na cidade, o suficiente para que os egressos de Portugal percebessem a difícil situação em que ela se encontrava. No final de 1807, o Conde da Ponte recebera um ofício do secretário dos Negócios da Marinha e Domínios Ultramarinos, vindo de Lisboa, em que pedia alerta diante da situação na Europa. Afirmava que "apesar dos esforços e sacrifícios" para conservar uma perfeita neutralidade entre as potências beligerantes, as circunstâncias políticas faziam recear que "Portugal se ach[asse] muito brevemente obrigado a fechar os seus portos aos Ingleses", "para evitar uma invasão de tropas francesas superiores neste Reino". Em nome de Sua Alteza Real, pedia ao Conde que impedisse, "até nova ordem, a partida dos navios portugueses, que se acham nos portos dessa capitania", e se colocasse "em estado de defesa mais respeitável para poder com vantagem, e confiança de sucesso, repelir gloriosamente qualquer ataque hostil contra o território da Capitania" (citado por Pinho: 1961). Nessa situação permanecia o porto até a chegada da esquadra, fato que representou uma rápida e visível mudança de rumo.

Foi então que o próprio Conde da Ponte levou à presença do príncipe uma representação dos comerciantes da cidade que pedia o levantamento do "embargo sobre a saída de navios", em nome do "prejuízo do Comércio, perda iminente da Lavoura, miséria, e necessidade imediata dos habitantes e estagnação dos rendimentos reais". Pedia igualmente a permissão para "navegarem livremente" para outros portos, que, "ou as notícias públicas, ou particulares de seus correspondentes, lhes indicassem mais vantajosas às suas especulações" (citado por Pinho: 1961). No dia seguinte, D. João fez muito mais: assinou a famosa carta régia de 28 de janeiro de 1808 que abriu os portos da América portuguesa às nações amigas, mesmo sem contar com a presença de seus secretários de Estado, que haviam rumado para o Rio de Janeiro. No entanto, seria equivocado supor que os negociantes baianos foram fundamentais para deliberação da medida, já que ela respondia a uma imposição da própria conjuntura que levara a Corte a rumar para sua nova sede, conforme vimos no capítulo anterior.

Essa não foi a única representação que D. João prontamente recebeu. Uma outra, encaminhada pelo corpo de comércio de Salvador, pedia ao príncipe que se instalasse definitivamente na cidade, afirmando que sua chegada enchera "todos os seus fiéis vassalos da maior alegria e contentamento". O texto descrevia qualidades e potencialidades da capitania da Bahia, seus "apreciáveis gêneros" e sua abastança, a "variedade de suas grossas, e pesadas madeiras", a comunicação fácil do seu porto, seu "comércio mais ativo, na reprodução dos variados ramos da sua agricultura". Ao final, fazia um tocante apelo para sua permanência, nos moldes mais típicos de vassalagem ao soberano:

> E será crível, Senhor, que conspirando a natureza para a grandeza deste país, enriquecendo-o sobremaneira, com a liberal mão, dotando os seus naturais de uma índole suave, gênio ardente por tudo quanto é do serviço do seu Soberano, de corações puros, que só anelam toda a glória de V. A. e que fazem contínuos votos pela sua conservação e felicidade, enlutem seus muros lavados em lágrimas e cobertos de dor? (citado por Cerqueira e Silva: 1931, III, p. 231-232).

Assim, apesar de D. João estar resoluto a partir para o Rio de Janeiro, sua passagem por Salvador alimentou a expectativa geral de que o futuro descortinaria um período de significativas transformações. Enquanto lá esteve, concedeu títulos honoríficos a desembargadores, vereadores e pessoas da "nobreza" da cidade; ouviu do Conde da Ponte os pedidos de favores e benefícios para a Bahia no que tocava a impostos, estradas, promoções etc.; concedeu licença para fábricas e indústrias; minorou penas de presos e perdoou a criminosos. Dentre medidas mais imediatas, autorizou a criação de uma Companhia de Seguros e Comércio Marítimo, destinada a cobrir todas as perdas e sinistros dos navios que faziam a travessia de africanos, o aumento dos regimentos de infantaria e a abertura de estradas (especialmente para o Rio de Janeiro). E também criou uma Escola Médico-Cirúrgica na cidade (por carta régia de 18 de fevereiro), conforme sugestão de José Correia Picanço, professor de Anatomia e Cirurgia da Universidade de Coimbra, e que o acompanhava na comitiva.

Dizem os cronistas que quando D. João partiu, um mês depois, os baianos cantaram: "Meu príncipe regente,/ Não saias daqui,/ Cá ficamos chorando,/ Por Deus e por ti...". Verdadeira ou não, seus versos são verossímeis. Afinal, a proximidade com o príncipe representava o acesso a uma série de títulos e privilégios que, em uma sociedade como a da América portuguesa, eram o cerne de sua reprodução. Ainda assim, o vislumbre de um futuro promissor para a América em 1808 reforçava o valor da monarquia em meio à idéia de um "império luso-brasileiro"; sobretudo na Bahia, que perdera estatuto político com a mudança da capital do Brasil para o Rio de Janeiro em 1763.

Semelhante sentimento em relação à chegada da Família Real foi despertado também em outras paragens americanas. Em fins de 1807, o negociante inglês John Mawe se encontrava em São Paulo, onde ouviu um "boato desagradável" de que Lisboa teria sido bombardeada pela Grã-Bretanha, o que tornava uma guerra ambas esperada para qualquer momento (há que se considerar a grande incerteza que rondava as decisões da Corte antes de sua partida de Lisboa). No entanto, a chegada da notícia de que os Bragança cruzavam o oceano em direção à América foi, nas palavras do mesmo negociante, razão para um "grande júbilo". Apesar do desastre da guerra tomar Portugal, afirmou que os paulistas

> consolavam-se com a esperança de receber um Príncipe, elogiado por todos, e a cuja causa todos eram leais. O Império Brasileiro foi considerado como estabelecido: o bispo mais importante consagrou a era auspiciosa ordenando orações diárias na catedral, invocando a Divina Providência, para que a Família Real aportasse a salvo. (Mawe: 1978, p. 74).

Várias representações enviadas pelas câmaras de vilas de diversas capitanias, saudando a instalação do príncipe no Brasil, atestam uma constante e difusa ânsia por melhorias da parte de seus vassalos americanos. Um exemplo está no ofício escrito, em outubro de 1808, pelos vereadores de Vila Boa de Goiás: uma súplica que enviavam à Corte pedindo, com seus "patrióticos sentimentos", tanto a manutenção do ouvidor geral como o "melhoramento desta capitania tão pobre e abatida" (*As câmaras municipais...*: 1973, I, p. 267). Em 12 de março, a Vila de São João da Barra, no Rio de Janeiro, anunciava com entusiasmo o incentivo na produção para abastecimento após receberem a notícia da chegada do príncipe "acompanhado por muitas famílias dos grandes do Reino":

> aumentando-se assim o número dos habitantes desta Colônia e fazendo-se necessária a fartura dos gêneros da primeira necessidade promovamos com a maior atividade a cultura dos ditos gêneros, e em cumprimento fizemos publicar por Editais a dita ordem de Vossa Excelência determinando que todos com o maior zelo e cuidado e energia cuidassem na cultura dos mencionados gêneros (*As câmaras municipais...*: 1973, I, p. 224).

No cerne desse tipo de manifestação, estava a permanente sensação de ruptura em relação ao presente vivida pelos homens e mulheres em 1808, como se vê no ofício do senado da câmara de Alagoas (capitania de Pernambuco), de 13 de maio daquele ano. Nele, seus membros saudavam, "com submissão", a "feliz chegada" dos Reais membros ao Rio de Janeiro, "congratulando-nos de ver habitar entre nós a Vossa Alteza Real, erigindo uma nova Monarquia, fazendo feliz, e brilhante com a Real Presença este geral continente do Brasil" (*As câmaras municipais...*: 1973, I, p. 123).

Um dos tantos casos notáveis dessa sensação é encontrado na *Memória sobre a capitania de Sergipe,* escrita por Marcos Antonio de Souza, então padre secular em Vitória da Bahia, e dedicada a D. Rodrigo de Sousa Coutinho. Como várias outras tantas obras semelhantes escritas a partir do século XVIII no bojo do Reformismo português, dedicava-se a tratar de melhorias nas condições econômicas e políticas da América, no caso, especialmente de Sergipe, que era então parte da capitania da Bahia. Mas diferentemente de outros congêneres anteriores, seu texto enunciava um momento de clivagem: ao justificar a produção de alguns gêneros, que entravam na "classe das coisas sem valor pela falta de consumo na capitania", alertava que eles tinham que ser estimulados na sua "saída pelo armazém do mundo [Londres], que se nos abriu pela liberdade de comércio". Assim concluía: "quem pode afirmar que o terremoto político que tem abalado toda a Europa não abrirá novos canais ao comércio português?". Eram novos tempos que se vislumbravam em muitos dos brasis portugueses.

Por uma nova prosperidade: Bahia e Minas Gerais

Em 1808, as partes que compunham a América portuguesa eram bastante diversas, com perfis sociais e econômicos variados, e com distintas vinculações políticas entre si e com o restante do mundo ocidental. Esse fora o resultado da própria dinâmica da colonização moderna em terras portuguesas, que articulou áreas diferentes à metrópole, à competição européia e aos mercados mundiais, criando zonas e formas de reprodução muito variadas. As assimetrias daí resultantes foram objeto de observação e intervenção por parte dos reformistas portugueses do século XVIII, que se esforçaram na busca de uma melhor integração dos domínios americanos, visando, com isso, otimizar as potencialidades que eles ofereciam à tarefa comum de melhorar a posição do Império Português na competição internacional.

Tal esforço geraria também respostas da parte dos portugueses que viviam na América, inclusive protestos contra a implantação de medidas que objetivavam maior controle e racionalização de práticas políticas e econômicas já sedimentadas. Em fins do século XVIII tais reações poderiam se conjugar com a transformação de paradigmas políticos vivida no mundo ocidental, e que começaria a implicar contestações a estruturas políticas e sociais existentes. Temos exemplos disso nos conhecidos ensaios de sedição ocorridos em Minas Gerais (1788-1789) e na Bahia (1798), bem como as suspeitas que pairaram sobre os membros da Sociedade Literária do Rio de Janeiro (1794). De diferentes modos, seus participantes estavam sintonizados com a onda de revoluções iniciada pela independência das Treze Colônias britânicas e ocorridas no mundo atlântico, continuada com a Revolução Francesa e a revolução de Saint-Domingue. Assim, na América portuguesa, tais ocasiões denunciavam uma intensa politização de ambientes coloniais, uma crescente abertura da crítica política contra práticas e regimes monárquicos, e também a sensação, da parte dos envolvidos nessas ocasiões, de que os tempos mudavam. Por tudo isso, as autoridades imperiais mantinham-se em alerta.

Tudo isso ocorria de modo difuso, a depender de diferentes lugares e clivagens sociais. Da mesma forma, o impacto da chegada e instalação da Corte no Rio de Janeiro, e sua tentativa de reforço dos laços entre o monarca e os súditos de além-mar, seria desigual nas várias capitanias da América portuguesa. Tratemos um pouco de cada uma delas.

Continuemos na Bahia, onde o príncipe passou não poucos dias. A capitania, juntamente com Pernambuco, fora o esteio da colonização portuguesa na América como fornecedora do principal produto de exportação, o açúcar. Na segunda metade do século XVIII, o aumento pela procura de seus produtos – além do açúcar, também fumo, algodão, madeiras, couros e aguardente – fez com que sua economia conhecesse uma prosperidade que se mantinha no momento da Real visita. Prosperidade essa que teve relação com o cenário internacional – a quebra da produção açucareira da colônia francesa de Saint-Domingue, após 1792 –, mas também, já antes, com o crescimento de demandas vinculadas ao mercado interno, sobretudo pelo rápido crescimento das Minas ao longo do século XVIII. Na época, o balanço de seu porto só perdia em volume para o carioca, e três eram os principais destinos de seu comércio: as cidades de Lisboa e do Porto, no Reino; a África, onde inclusive se reexportavam manufaturas inglesas; e o Rio Grande e Rio da Prata, para onde fluíam escravos em número significativo. A intensa movimentação mercantil baiana pode ser atestada pela iniciativa do Conde dos Arcos de requerer à Corte carioca uma autorização para a construção de uma Praça do Comércio em Salvador; obra que teve início em 1811 e foi inaugurada seis meses depois com expressiva presença de negociantes e autoridades civis.

Como antiga área de produção de riqueza colonial – que continuou a ter um papel preponderante mesmo com a transferência da capital do Vice-Reino, em 1763 –, a Bahia contava em 1808 com cerca de 410 mil habitantes a segunda capitania mais populosa da América (depois de Minas Gerais). Guardava ela assimetrias internas significativas, sendo a região do Recôncavo (onde se concentrava a produção de cana-de-açúcar) a mais rica, com fortunas controladas por uma nobreza local tradicional. Em uma escala de riquezas bem menor, as localidades em torno de Jaguaripe, Nazaré e Camamu eram importantes centros de produções de mandioca, bem como a área de Tabuleiros (ou Areias),– onde também se produzia fumo –, sendo o sertão mais vinculado à produção de gado e seus derivados. A capitania do Sergipe, que lhe era adjacente, também representava importante centro de produção canavieira, e contava com um desenvolvimento significativo em função desse produto, perfazendo aproximadamente 73 mil habitantes nos idos da transferência da Corte.

Conforme notamos, a passagem do príncipe regente deixara marcas nas paragens baianas, algumas das quais atestadas pelas representações e ofícios que lhe foram dirigidos pedindo concessões ou privilégios. Um dos casos mais famosos talvez seja o de Francisco Inácio de Siqueira Nobre que, como um dos grandes negociantes da capitania, figura entre os maiores beneficiários de D. João. Consta que ele lhe teria entregue uma petição requisitando autorização para trazer trabalhadores ingleses no intuito de fundar uma fábrica de fiar, tecer e estampar, que justificava, segundo a historiadora Maria Beatriz Nizza da Silva, em nome "do futuro deste grande império". Vale dizer que, até então, em função de um alvará régio de 1785, era proibida a manufatura de tecidos na América para além da produção para consumo local. No entanto, em vez de se dedicar à empreitada têxtil, Siqueira Nobre implantou uma fábrica de vidros que, pelos que sabemos, deve ter prosperado amplamente na década de 1810.

Um outro caso notável é o do também negociante Manuel Antônio da Silva Serva que, nascido em Portugal, possuía autorização para viajar para a América desde finais do século XVIII, em função de seus negócios. Estando na Bahia em 1808, não apenas decidiu fixar residência por lá como projetou mudar de atividade após o translado da Real Família. Em 1809, comprou material na Europa para montagem de uma tipografia em Salvador, para a qual pediu autorização régia no mesmo ano. Como já referido no capítulo anterior, uma das medidas tomadas por D. João no Rio de Janeiro fora a instalação da Imprensa Régia que passaria a publicar, entre outros, a *Gazeta do Rio de Janeiro*. Silva Serva acompanhou atentamente esse processo e, em 1811, pôde iniciar a publicação da *Idade d'Ouro no Brazil*, periódico que teria grande importância como divulgador da política joanina na América.

Quanto à abertura dos portos, primeiramente saudada na Bahia, as reações ao seu estabelecimento já traziam em si alguns dos impasses subjacentes à abolição da condição colonial. Também na Bahia, logo se colocaria o problema da necessidade de protecionismo frente à concorrência com os estrangeiros que ameaçavam a primazia dos luso-americanos nesse ramo, problema expressamente apontado por uma manifestação que os comerciantes locais dirigiram a D. João. Para eles, o alvo de maior preocupação deviam ser os britânicos que, no princípio, venderiam "barato" e comprariam "caro" para "desfalecimento" das produções do país, com o intuito de controlar o comércio com seus produtos. Desse modo, o alerta dirigia-se também à possibilidade de desenvolvimento de uma indústria local após a chegada da Família Real. "Beijavam a mão" do monarca pela seguinte "súplica":

Que coisa mais justa, Senhor, [...] abrir uma porta franca à felicidade dos comerciantes nacionais, não permitindo que se estabeleçam estrangeiros com casas de negócio nos domínios do Brasil, mas sim mandar que sejam tratados com os ofícios da hospitalidade nas ocasiões necessárias e oportunas, e que se pratique com todos igualmente o Direito das Gentes, sem aquela singularidade que vai constituir o prejuízo dos mesmos negociantes. (Nizza da Silva: 2005, p. 150-151).

Nada mais, nada menos que pedir que os britânicos fossem tratados como os outros estrangeiros, sem privilégios especiais. Como se viu, D. João receberia representações semelhantes logo que adentrasse na Baía de Guanabara.

A manifestação indica que em Salvador existiam opiniões controversas quanto à medida tomada por D. João logo que aportou no Novo Mundo. Nesse sentido, também na Bahia as autoridades não hesitariam em controlar atitudes e opiniões que pudessem ser consideradas suspeitas, bem como de estrangeiros. Note-se que, já devidamente instalado no Rio de Janeiro, o príncipe autorizou seu ministro D. Rodrigo a mandar um ofício para o Conde dos Arcos, enviado em novembro de 1809, em que pedia cautela no tratamento a vários "franceses quase domiciliados" em Salvador, dos quais tivera informação quando de sua passagem pela cidade. O documento falava expressamente de um "certo abade francês" que "professa[ria] e publica[ria] opiniões perigosas", além de um "grande número secreto de pessoas vendidas ao partido francês" e associadas com idéias revolucionárias. A ordem era para que, na "menor suspeita", fossem logo todos postos para fora dos "Estados do Brasil" (citado por Cerqueira e Silva: 1931, III, p. 234). Mas o perigo também estava relacionado com o clima de guerra que marcava a Europa, tendo em vista a situação vulnerável que o porto de Salvador, devido ao seu intenso movimento, estaria diante de qualquer ameaça que pudesse vir dos mares. Tem-se notícia de que em 1805, quando França e Grã-Bretanha já tinham rompido hostilidades, 60 belonaves britânicas fizeram aguada na Baía de Todos os Santos; no ano seguinte, a ela chegou uma esquadra francesa com sete navios, sendo um deles comandado por Jerônimo Bonaparte, irmão do imperador.

Dessa forma, a preocupação com a proteção e controle da cidade também esteve no horizonte de ação do príncipe regente que, na Bahia, intentaria despertar um reforço nos vínculos monárquicos pelo vislumbre, por parte de seus súditos, de melhorias a serem implementadas na América. Sua eficácia deve obviamente ser pensada em termos desiguais, já que alguns grupos e regiões se beneficiaram mais do que outros com os acontecimentos de 1808. Como explicar que, durante a guerra de Independência entre 1822-1823, a Bahia tenha ficado cindida entre adesão ou não ao Rio de Janeiro e ao Império do Brasil?

Em se tratando de benefícios acarretados pela mudança da sede do Império, não há dúvida que foi a região centro-sul que mais diretamente colheu seus frutos. Para além do próprio Rio de Janeiro, talvez tenha sido a capitania de Minas Gerais a que mais tenha lucrado em termos do seu desenvolvimento econômico interno. Desde fins do século XVIII, ela conhecia profunda transformação, com a diminuição da produção aurífera. Esse foi, segundo os especialistas, um momento de "inflexão agrícola", quando novas atividades econômicas – agrícolas e pastoris, sobretudo voltadas para o mercado de abastecimento – promoveram um movimento centrífugo da população em direção às áreas do sertão e sul mineiros, conquistando parte da Zona da Mata e às portas do Triângulo Mineiro. Formou-se então uma malha comercial ramificada que, devido à abertura de novas estradas e rotas, foi fundamental para drenagem de seus produtos e manutenção de um nível populacional ascendente. Até mesmo o notável crescimento demográfico da capital carioca, desde a década de 1760, contribuiu para a estruturação de um verdadeiro complexo agropecuário nas Gerais.

Com o início de sua ocupação sistemática por portugueses, entre 1695 e 1697, Minas Gerais crescera rapidamente, sendo a mais populosa das capitanias às vésperas de 1808, com um total de 433 mil habitantes. A curva ascendente se manteria após a transferência da Corte, com a consolidação de sua produção voltada para a economia de subsistência, mas com uma transformação na composição da população entre suas distintas regiões. Entre as comarcas de Vila Rica (a mais antiga, sede do centro político-administrativo), do Distrito Diamantino, Paracatu (noroeste) e do Rio das Mortes (sudeste), fora esta última que mais crescera desde fins do XVIII, inclusive no consumo de mão-de-obra escrava. Com o deslocamento demográfico das antigas áreas de mineração para o sul, essa comarca passou a ser a mais importante da capitania, saltando de 83 mil para 214 mil habitantes entre 1776 e 1821 (um aumento de 158%, enquanto a média geral da capitania foi 61%). Foi também nessa área que o número de negros e mulatos passou de um quinto para mais de um terço de sua população, passando a concentrar 47% do plantel mineiro. Em um outro sentido, a maior proporção de mestiços e homens de cor livres (crioulos e africanos) revelou-se uma tendência das áreas mineradoras tradicionais (com deslocamento de fluxo populacional para áreas do Triângulo e do Sertão), possuidoras de uma rede urbana mais consolidada e que, embora passando por redimensionamentos de suas atividades produtivas a partir de meados do XVIII, não deixaram de ter a mineração como atividade importante.

Não era, portanto, de pequena monta a reformulação econômica que Minas Gerais conhecia quando na chegada da Corte, cuja instalação no Rio de Janeiro geraria, também nela, uma ampla demanda por melhorias em função das novas possibilidades de obtenção de privilégios. As correspondências enviadas pelas câmaras de Minas Gerais à Corte, em 1808, acentuam o nexo estabelecido entre a idéia de "regeneração da monarquia" e de "potencialidades do Novo Mundo" para o futuro, numa representação que integrava o ideal reformista com a percepção da alteração da posição da América nos pratos da balança do Império Português. Era assim que vereadores de Vila Rica diziam-se "venturosos, não só pela prudentíssima, e régia escolha que teve em querer residir entre vassalos, que desde o princípio do século deram sempre evidentes provas de sua fidelidade aos Augustos Predecessores de Vossa Alteza", como por esperarem

> haver prosperar Um País o mais interessante do Trono Português, Residindo nele Um Príncipe de tão raras e Brilhantes Virtudes, quais adornam a Real Pessoa de Vossa Alteza a quem rogamos Queira Aceitar os nossos sinceros votos, e Certificar-se de nossa rendida Vassalagem. (citado por Cloclet da Silva: 2007, p. 163).

Como se vê, esse discurso estava bem longe das arestas surgidas entre Coroa e elites locais, quando o aperto na cobrança de impostos entre 1788 e 1789 levara à Inconfidência Mineira. Agora, a rendição de obediência e fidelidade ao Soberano tornava-se, na fala das autoridades mineiras, claramente indissociável dos benefícios que pudessem ser conquistados. Assim se verifica no despacho da câmara da Vila de Campanha da Princesa, de 15 de janeiro de 1814, quando foi listada uma série de medidas em prol da capitania numa relação direta com a lealdade devida à monarquia. Vale à pena citar:

> Aliviando logo os Povos desta Capitania dos vexames e prejuízos, que dantes sofriam no antigo giro do ouro em pó; facultando-lhes o uso de toda a moeda corrente. Firmando os seus contratos de compra e venda Livres de reivindicações, e revalidados com o Feixo da Sisa; Segurando as suas Possessões de Culturas com a prudentíssima nova forma de Sesmarias, e animando os seus Estabelecimentos de Engenhos de Açúcar com o Privilégio concedido; e além de outras Mercês mais agora de próximo fazendo restabelecer o vigor da Mineração, e reanimando a Extração do ouro com a saudável Providência de privilegiar todos os serviços Minerais, e os Escravos neles empregados de qualquer número que seja, e no meio de tantas

Mercês, e Graças, que recebem os Suplicantes da Real Beneficência, vivendo na religiosa certeza de que os Vassalos são tanto mais felizes, e venturosos, quanto mais Leais e obedientes são ao Seu Soberano. (citado por Cloclet da Silva: 2007, p. 170).

Mas a relação das Minas Gerais com a Corte também teve seus impasses, dada à impossibilidade de se uniformizar uma capitania que se revelava cada vez mais economicamente diversificada e regionalmente diferenciada. Ilustrativo foi o acontecido em 1808 na Vila de Pitangui por ocasião da eleição de um representante local que fosse "beijar as mãos de Sua Alteza Real". O eleito, "rendendo vassalagem, obediência e fidelidade dos povos da Vila", levaria uma "carta de ordens" que rogava a Sua Alteza diversas coisas, como a concessão de honras e privilégios aos que servissem na câmara, a abolição de propina aos vereadores e a marcação da divisão do termo de Pitangui com Tamanduá. Além disso, estava previsto o envio de um "donativo de seiscentos mil réis", o qual foi alvo de um intenso embate entre os vereadores. Nem a carta e nem o dinheiro chegariam ao seu destino: acabou por ser estabelecido que, em função do custo da viagem e das "precárias condições pecuniárias" da Vila, sobrecarregada de impostos (dentre os quais, ainda pesava um para reconstrução de Lisboa), o montante fosse aplicado nas suas despesas, sob o argumento de que "a melhor forma de concorrerem para o sucesso do Império era cuidando da prosperidade de suas partes" (citado por Cloclet da Silva: 2007, p. 164). Algumas partes estavam conscientes de que tinham menos a lucrar com a proximidade do monarca.

Uma investida importante da Corte foi a tentativa de incrementar a indústria siderúrgica nas Minas Gerais. Já em fins do século XVIII, o então governador da capitania, Rodrigo José de Menezes, ao descrever seu estado geral, propôs a instalação de uma fábrica de ferro, "convencido da grande utilidade que resultará tanto à Real Fazenda como à mineração". Há indícios de que as fundições já existissem em território mineiro desde antes, cujo conhecimento metalúrgico provavelmente se deveu aos escravos africanos. Segundo relato do barão Wilhelm Ludwig von Eschwege, que chegou em Minas em 1811 e no ano seguinte montou uma siderurgia às margens do ribeirão do Prata, era comum um "processo bárbaro de produção de ferro", pois que a "maioria dos ferreiros e grandes fazendeiros que possuíam ferraria tinham também o seu forninho de fundição". No entanto, as restrições metropolitanas às manufaturas e indústrias impunham restrições à produção comercial do ferro.

Poucos meses após sua instalação no Rio de Janeiro, D. João autorizou a criação de uma fábrica de ferro na Comarca do Serro do Frio e encarregou o desembargador Manuel Ferreira da Câmara Bittencourt e Sá, Intendente-Geral das Minas e Diamantes, a dirigir seus trabalhos. O local escolhido foi o Morro do Pilar, aproximadamente 25 léguas ao sul do arraial do Tejuco, rico em jazidas do mineral. Pensava-se no escoamento de sua produção, não consumida nas Minas (voltada, sobretudo, para ferramentas de mineração), para Bahia e para o Rio de Janeiro, via rio Doce. Dessa forma, a Real Fábrica de Ferro do Morro do Pilar, instalada em 1809, foi uma das primeiras concretizações para o desenvolvimento manufatureiro em território americano após a revogação do citado alvará de 1785. Por iniciativa Real, também seria criada a Fábrica de Ipanema, erguida perto de Sorocaba, sendo que a Coroa também atuaria na subvenção de estabelecimentos similares por meio da isenção de impostos gerais e, ocasionalmente, na doação direta de equipamentos.

A iniciativa da Fábrica do Pilar foi saudada em Minas Gerais como um grande acontecimento, servindo a um discurso oficial que a tomava por responsável por um novo impulso de "vida" e "prosperidade" da capitania, contra a "decadência" e a "pobreza". Um rico habitante das Minas, o guarda-mor Sancho Bernardo de Herédia, doou o solo para sua construção e uma sesmaria de terras para fabricar carvão, visto que ele próprio se beneficiaria com a produção local de ferro (o qual vinha do Rio de Janeiro com preços elevados). Apesar das dificuldades em sua instalação, a produção de suas primeiras barras de ferro foram celebradas numa festa no Tejuco, em outubro de 1815, quando se exaltou a figura de D. João como responsável pela chegada do "progresso" e da "civilização" às terras mineiras (Chamon: 2002). E embora tanto a Fábrica do Morro do Pilar como a de Ipanema tivessem finais melancólicos, não se deve minorar a expectativa surgida em Minas Gerais quando de sua criação. Ainda no campo da siderurgia, a criação de outras fábricas de ferro foram ensaiadas nas Comarcas de Ouro Preto e Sabará.

No âmbito da indústria têxtil, prática que já era amplamente difundida na capitania para seu próprio consumo desde finais do XVIII, também houve iniciativas importantes. É o caso de Bento Dias Chaves, morador do Tejuco, que construíra em sua fazenda em Sabará "um engenho de cardagem de algodão, e um filatório", o que animou o mesmo governador em ver erigida "nesta capitania, ainda que em ponto pequeno, uma fábrica de algodões semelhante àquelas, que tão vantajosamente se haviam estabelecido em Portugal" (Cloclet da Silva: 2006, p. 168). Nesse âmbito, há que se notar que os tratados com a Grã-Bretanha de 1810 seriam responsáveis por deter o crescimento da manufatura doméstica de tecidos nas regiões litorâneas e mesmo nestas partes do interior mineiro.

A esperança no florescimento de empreendimentos produtivos tinha particular sintonia com a ruptura que se processava quando da valorização da América, sede da Corte, no universo português. Nesse contexto, as novas necessidades de Minas Gerais puderam ser vislumbradas em um projeto de Império que em 1808 não mais a atrelava à condição colonial. Em setembro de 1813, o Conde da Palma escreveria a um dos ministros de D. João que o contrabando, por tanto tempo considerado um dos maiores desafios dos governadores de Minas Gerais, sempre existira e sempre existiria em uma capitania "aberta a todos os lados"; por isso, Minas Gerais teria outros problemas mais importantes a resolver. Abandonava inserir-se assim, a lógica de amiga uma colônia, que agora passara a ter outras prioridades e desafios.

Novas articulações em vista:
São Paulo, o Rio Grande e o Centro-Oeste

Nas regiões sul da América portuguesa, a produção para economia de alimentos também foi incentivada pela política reformista portuguesa do século XVIII, em especial nas capitanias de São Paulo e Rio Grande. Na primeira, o governo de D. Luiz Antonio de Souza Botelho Mourão, o Morgado de Mateus (1765-1775), foi um marco nesse sentido. Seria ele responsável por uma política de incremento do povoamento (com ordens diretas de Pombal para ocupação da fronteira oeste), de fomento à produção e variedade de gêneros, de melhoria de técnicas produtivas e das vias de comunicação da capitania. Outra preocupação foi com a questão da arregimentação indígena, tentando implementar o Diretório dos Índios (abordado no capítulo 2).

Nas últimas décadas do século, o aumento populacional da capitania de São Paulo foi significativo, momento em que houve igualmente um incremento na concessão de sesmarias. Esse aumento se manteria nos primórdios do século XIX: de 78.855 habitantes em 1765, o número saltou para 169.554 em 1800, e 196.202 em 1808. A economia da capitania conhecera um primeiro momento muito favorável com o advento da mineração, que ativara o fornecimento de gêneros de abastecimento; depois, com a transferência da capital do Vice-Reino do Brasil para o Rio de Janeiro, em 1763, que continuara o movimento. Mas foi, sobretudo, com os governos de Morgado de Mateus e seus sucessores que, com base na lavoura canavieira, São Paulo se inseriu no sistema mercantil luso-americano e, por ele, conectou-se aos mercados mundiais. A cultura da cana foi a grande responsável pela transformação de uma agricultura predominantemente de subsistência (com base familiar) para outra de características comerciais, favorecendo a concentração da propriedade de terras e de cativos. Embora o trabalho livre e a escravidão indígena fossem preponderantes na capitania em todo o XVIII, o escravo africano penetrou significativamente no seio da população, que no final do século teria um quarto deles.

O escoamento da produção paulista foi uma das constantes preocupações por parte de todos os governadores do período. Um dos projetos foi o de tornar a cidade de Santos o principal porto de saída de gêneros exportáveis, o que significava desvalorizar o comércio interno na capitania e do resto do litoral. Várias foram as disputas e tensões entre as regiões em relação a esse comércio, o qual acabou favorecendo a produção de açúcar "serra acima" (no interior de São Paulo) em detrimento das áreas litorâneas, insuficientes para garantir a inclusão dos gêneros paulistas em mercados mais lucrativos. Nessa zona interiorana, o crescimento foi notável: entre 1798 e 1804, as vilas de Campinas e Porto Feliz, por exemplo, tiveram sua população aumentada em 22,2% e 66,1%, respectivamente. Com a vinda da Corte em 1808, os maiores beneficiários com o afluxo de capitais gerados por uma maior demanda comercial de gêneros seriam exatamente as regiões do Vale do Paraíba e do oeste paulista, também contempladas com a abertura de vias de comunicação e criação de novas cidades.

A questão da ocupação dos territórios com fins econômicos, sobretudo a sudoeste da capitania, seria especialmente cara ao governo de D. João na América. Em dezembro de 1808, o Conde de Linhares escrevia ao Ministro dos Negócios da Fazendo e Interior, declarando que, diante do aumento repentino da população do Rio de Janeiro, uma crise de abastecimento era iminente. Segundo ele, uma das formas de evitá-la seria justamente a abertura de uma estrada ligando a capitania de São Paulo ao Rio Grande, por meio de um trajeto que atravessasse os sertões do Guarapuava (atual Paraná, e que então era parte da capitania de São Paulo). Várias tentativas de colonização dessa região, localizada entre os rios Ivaí e Uruguai, já tinham sido realizadas entre os anos de 1768 e 1774, pois a idéia de povoar extensões de terra pouco exploradas era importante na agenda reformista. Tais tentativas malograram, sobretudo, pela resistência de povos indígenas. Com a instalação da Corte no Rio de Janeiro, além da preocupação com a produção de víveres, a ocupação da área do Guarapuava tinha que ver com uma nova: a tentativa de construção da plena hegemonia portuguesa em terras americanas – e fronteiriças – em um momento em que, nas possessões espanholas, multiplicavam-se as alternativas políticas frente à acefalia daquele Império.

Nesse sentido, como vimos no capítulo anterior, D. João não hesitou em pôr em prática uma política extremamente ofensiva em relação às populações indígenas da América portuguesa, legitimando seu extermínio pelo prejuízo que os mesmos causariam ao futuro e progresso do Império. Ainda em 1808, o príncipe regente expediu ordens para que se organizasse uma expedição para imediata ocupação dos campos do Guarapuava. Nas ordens enviadas ao capitão general da capitania de São Paulo, Antonio José de Franca e Horta, seguia a carta régia de 5 de novembro, que decretava "guerra justa" contra os índios nos seguintes termos:

> Desde o momento que receberdes esta minha Carta Régia, deveis considerar como principiada a guerra contra estes bárbaros índios: que deveis em corpos daqueles milicianos de Curitiba e do resto da Capitania de São Paulo que voluntariamente quiserem armar-se contra eles, e com a menor despesa possível da minha real fazenda, perseguir os mesmos índios infestadores do meu território. (Leite: 2006, p. 27).

No ano seguinte (1809), o príncipe assinou nova carta régia, datada de 1º de abril, com um "plano para o povoamento e civilização dos índios dos Campos do Guarapuava", que pretendia desenvolver a "cultura" daqueles sertões por meio da introdução de colonos brancos pobres ou de degredados, aos quais concederse-ia pequenos lotes de terra. Em agosto, partiu de Curitiba uma "Real Expedição" para colonização da região; suas dificuldades não seriam poucas, mas, mesmo assim, ela seguiria em seus propósitos. Simultaneamente, o governo da capitania expediria vários ofícios que permitiam e auxiliavam a organização de "entradas" contra os "bugres" acusados de atacar as vilas de Itapetininga, Paranapanema, Itapeva, Porto Feliz e Vila Nova do Príncipe.

Os indígenas aprisionados deveriam permanecer, ainda que por tempo determinado, em cativeiro, podendo ser utilizados como mão-de-obra. Essa estratégia atendia diretamente aos interesses dos moradores da região e de novos colonos, já que lhes permitia utilizar os indígenas para uma atividade econômica rentável.

Como foi notado, uma das preocupações da Corte portuguesa no Rio de Janeiro, ao incentivar a conquista dos territórios a su-doeste de São Paulo e conseqüente extermínio dos indígenas, foi estabelecer novas rotas de contato com a capitania do Rio Grande. Aí, mais do que em qualquer outra parte, a questão da consolidação de uma área de hegemonia portuguesa face à fronteira aberta com territórios espanhóis era especialmente cara à Coroa desde há muito. Sob o patrocínio do Marquês de Pombal, na segunda metade do século XVIII forjara-se, de fato, um projeto de integração do Rio Grande ao Império por meio da fundação de povoações, distribuição de terras e incentivo à migração de casais das ilhas do Atlântico. O receio português era que a ligação econômica com o lado espanhol, aliado ao intenso contrabando, consolidasse uma fidelidade alternativa entre a região e o Vice-reino do Rio da Prata.

A Guerra das Laranjas entre Portugal e Espanha, em 1801, teve desdobramentos importantes nos territórios americanos, envolvendo diretamente o Rio Grande. No Rio de Janeiro, a guerra quase não foi sentida; mas no sul ela foi justificativa para a invasão portuguesa das Missões orientais. Logo após a chegada da notícia do rompimento de hostilidades na Europa, começaram os preparativos para a campanha: na fronteira do Rio Pardo, reuniram-se milicianos interessados em atacar as estâncias missioneiras, onde poderiam apresar cavalos e gado.

Na prática, essa ação (facilitada pelas dissensões entre os guaranis e os missionários) acabou alargando a fronteira da capitania até o rio Uruguai, mesmo sem ter sido referendada no tratado de paz assinado por Portugal e Espanha pouco depois.

A despeito dos protestos do vice-rei de Buenos Aires, os colonos portugueses seguiram avançando sobre aquelas terras, utilizando-as como base para contrabando e roubos. Nesse sentido, a atitude do governador da capitania, Paulo José da Silva Gama, foi paradigmática: por um lado, expedia ordens para que seus subordinados reprimissem os invasores; por outro, criava exceções, permitindo a instalação de portugueses nos campos ao sul do Ibicuí. Conforme analisou o historiador Maximiliano Menz, para além das queixas dos espanhóis, Gama temia que indivíduos de "fidelidade política duvidosa", especialmente os contrabandistas, ocupassem os terrenos, passando-os aos castelhanos quando tivessem oportunidade.

Com a chegada da Família Real em 1808, e diante da possibilidade de alterações políticas e econômicas no Rio da Prata, a preocupação com o Rio Grande aumentou ainda mais e, conforme vimos anteriormente, várias medidas preventivas e ofensivas em relação ao Prata foram planejadas pela Corte do Rio de Janeiro. Entre os governadores escolhidos para o Rio Grande estariam nobres que freqüentavam o círculo pessoal de D. João, como o Marquês de Alegrete e o Conde de Figueira, o que demonstrava o cuidado que se tinha com a estratégica região. O clima de guerra e militarização foi descrito pelo já citado John Luccock, que passou por lá em 1808. Segundo ele, "os assuntos militares eram dirigidos energicamente em São Pedro. Na realidade, a cidade [de Porto Alegre] é uma guarnição, sendo o Governador seu comandante em chefe" (Luccock: 1975, p. 121).

Mas a capitania não era apenas pensada em termos de geopolítica. Há pelo menos 100 anos antes da chegada de D. João à América que o extremo-sul tinha relevância no abastecimento de duas áreas vinculadas aos metais preciosos: primeiramente, a Colônia do Sacramento, que escoava a prata proveniente do Alto Peru; posteriormente, as Minas Gerais, responsáveis por uma grande demanda por gêneros e víveres. No Rio Grande, a ausência de produtos tropicais voltados para a exportação e as dificuldades no transporte pelo mar – causadas tanto pela localização de seu porto (Porto Alegre) como pelo domínio castelhano das cercanias, que chegou a levar a vila a um bloqueio na década de 1770 – fizeram com que a produção da capitania se desenvolvesse com vistas ao atendimento do mercado interno. Ao longo do século XVIII, um reduzido número de mercadores do Rio de Janeiro monopolizava o mercado de fretes de seu mercado, caracterizado por gêneros como couros, mulas e cavalos, pela crescente produção mercantil de alimentos e uma quase onipresença do comércio ilegal. O porto da Ilha de Santa Catarina era um importante ponto estratégico na relação da capital carioca com o sul e região platina.

Devido ao incentivo oficial, na passagem para o século XIX houve uma gradual mudança no padrão da economia do Rio Grande, que tendia a se especializar em produtos voltados para o abastecimento de outras áreas coloniais, crescendo a importância de alguns artigos de exportação (como o charque, trigo e farinha de trigo) em relação ao couro, que declinava. Nessa época, o Rio Grande atingiu uma população de 50 mil habitantes, e passou a fazer comércio marítimo com todos os principais portos da América Portuguesa – incluindo Bahia, Pernambuco, Maranhão e Pará – e com alguns mais periféricos, como Alagoas, Caravelas e Cananéia. O livre-comércio, autorizado pelo príncipe regente em 1808, marcou o início do contato direto do Rio Grande com Londres, Boa Esperança, Filadélfia e, principalmente, Cuba, cujos portos tornaram-se destinos de cargas rio-grandenses.

Nesse ponto, 1808 marca um relativo redirecionamento da economia rio-grandense. Ele é perceptível, por exemplo, na atitude do governador Silva Gama em propor a ocupação dos campos ao sul do rio Ibicuí, passando por cima de qualquer solução mais diplomática com o lado espanhol. O governador, que até então também se destacara pelo esforço no desenvolvimento do comércio direto entre o Rio Grande e Portugal, agora assumia definitivamente que:

> por haver passado à América Sua Alteza Real com inumeráveis vassalos, cuja subsistência dependerá em grande parte desta Capitania donde se não deve deixar inculto ou despovoado um só palmo de terra com prejuízo e atraso da agricultura e da produção de gados em que consiste a principal riqueza da mesma e o único meio de fertilizar as capitanias do norte, tem resolvido fazer assentir na mencionada tolerância, isto é, em que a título de invernadas se povoem os citados campos até para fazer prevalecer o direito de conquista. (citado por Menz: 2006, p. 61).

Era, no fundo, o reconhecimento de que caberia ao Rio Grande um papel específico em uma espécie de divisão imperial do trabalho envolvendo a América portuguesa, e na qual o Rio Grande adquiria caráter de centralidade nos projetos de futuro capitaneados pela monarquia. Daí as tentativas do Conde de Linhares de criar colônias de mão-de-obra livre na região sul, informado pela concepção de que o Rio Grande deveria funcionar como retaguarda política e econômica da agricultura agroexportadora do norte do Brasil.

No contexto de recriação do Império Português na América, situação menos privilegiada teriam Goiás e Mato Grosso. Como regiões de colonização mais recente, ainda pouco exploradas por atividades além da mineração, ambas teriam dificuldades em integrar-se com os centros economicamente mais dinâmicos do continente. A distância e a precariedade das rotas, bem como a resistência dos indígenas eram apenas algumas das razões que explicam o relativo isolamento dessas áreas, onde a diminuição na

112   A CORTE E O MUNDO

produção de minerais não pôde ser satisfatoriamente substituída por uma produção de gêneros voltados para o abastecimento interno, conforme ocorreu em Minas Gerais. Mesmo assim, seu desenvolvimento seria tentado já a partir de finais do século XVIII; pouco depois, os planos de ocupação dos sertões paulistas vigorosamente incentivados pelo governo de D. João na América representariam uma continuidade desses esforços.

Após um rápido e inicial impulso com a descoberta de minas de ouro em seus territórios, as capitanias de Goiás e Mato Grosso seriam administrativamente desmembradas da de São Paulo em 1748, com suas comarcas subordinadas ao Rio de Janeiro. Na primeira delas, a diminuição da população já era visível a partir da década de 1780, quando a produção do ouro decaía: 20 ou 30 anos antes, seus habitantes estavam na casa dos 35 mil (quase a metade de escravos), atingindo 59.287 em 1783; a partir daí e até 1804, esse número decairia em 20%, recuperando-se até atingir cerca de 55 mil em 1808.

Em Goiás, os primeiros incentivos ao desenvolvimento da agricultura foram dados pelo governador D. José de Vasconcelos, continuados pelo seu sucessor D. Luis da Cunha Menezes (1778-1783), que chegou a apontar uma tendência da população em dirigir-se à lavoura, ainda que em grande parte de subsistência, queixando-se da ausência de importação de cativos negros pela falta de dinheiro para seu pagamento nos prazos.

Diante da perda de expressão política e econômica, Goiás entraria no século XIX sendo objeto de memórias, típicas do pensamento reformista português, que propunham formas de melhoria e incentivo aos investimentos. Em 1806 surgiriam duas: uma escrita por seu ouvidor Joaquim Teotônio Segurado (*Memória econômica e política sobre o comércio da Capitania de Goiás*), a outra por Francisco Rodrigues Barata (*Memória em que se mostram algumas providências tendentes ao melhoramento da agricultura e comércio da Capitania de Goiás*), ambas tendo o Conde de Linhares como mentor. Apresentavam análises circunstanciadas das condições de Goiás, reconhecendo o problema de seu isolamento e da resistência dos povos indígenas; ofereciam sugestões para melhorias administrativas e defendiam a necessidade de se promover a navegação em direção ao Pará (pelos rios Araguaia e Tocantins) e a abertura de estradas para escoamento de seus produtos.

Pelo que consta, D. João tomou conhecimento, no Rio de Janeiro, dessas duas memórias, e teria ficado especialmente impressionado com a de Segurado, que relacionou e analisou todos os gêneros produzidos pela capitania. Em 1811, o príncipe regente enviou uma carta régia ao governador da capitania, D. Fernando Delgado Freire de Castilho, atendendo a várias das recomendações nela feitas, e concedendo favores, privilégios e isenções ao comércio e à navegação dos rios. Também aprovaria duas viagens exploratórias na tentativa de melhor conhecer o território de Goiás e demarcar suas fronteiras.

No dia da posse do governador Freire de Castilho, em 1809, seu antecessor, D. Francisco de Assis Mascarenhas, escreveu uma carta em que fazia um balanço do estado geral da capitania. Apontando a "decadência" da mineração, destacava uma série de medidas que deveriam ser tomadas, principalmente relativas à "agricultura, a navegação e o comércio", em especial pela "comunicação fácil com o Grão-Pará". Era favorável, inclusive, à manutenção das aldeias e à utilização dos indígenas no auxílio de tais tarefas:

> Vigiando-se cuidadosamente na sua administração econômica, [os índios] podem fornecer por um pequeno interesse a gente suficiente para a tripulação das canoas que navegarem para o Pará; esta gente é a melhor que se conhece para os serviços dos rios e muito bem pode empregar em outro interessante serviço, qual seja o de povoar os novos presídios que houverem de criar sobre as margens dos Rios Araguaia e Maranhão. (citado por: Franco Garcia: 1999, p. 118-119).

Do que se sabe, ainda duas outras memórias seriam escritas entre esses anos (uma em 1812; a outra no ano seguinte). Do que se deduz que, apesar da pouca expressividade da região em termos de seu desenvolvimento, a Corte do Rio de Janeiro fazia algum esforço na tentativa de empreender seu ressurgimento econômico.

Semelhante atenção, em escala menor, receberia também a capitania do Mato Grosso, mas com um componente especial: seu caráter estratégico e geopolítico pelo fato de ser uma região de grande fronteira com áreas espanholas. Do ponto de vista da produção aurífera e da movimentação populacional, ela também seguiu ritmos parecidos aos de Goiás. Após os primeiros aparecimentos de ouro, a população cresceu gradativamente entre 1719 a 1740, com a ocupação das bordas das serras e chapadas onde o ouro afluía a céu aberto. Entre 1751 e 1763, o número de seus habitantes variou entre 21 mil e 30 mil, sofrendo várias oscilações, em geral decrescentes, até o final do século. Em 1808, Mato Grosso tinha cerca de 25 mil habitantes, o que pouco mudaria nos anos seguintes.

O recuo na exploração de ouro no Mato Grosso coincidiu com o de Goiás e, embora o desenvolvimento de atividades voltadas para o mercado interno tenha vivido idênticos impasses, aquela capitania centrar-se-ia mais fortemente na produção pecuária. Como atividade secundária, ela ganhou força e espaço já nos tempos áureos da mineração, mantendo-se assim no começo do século XIX. Sua produção foi significativa, mas seu crescimento padeceu não apenas das grandes distâncias a percorrer e da precariedade das vias de transporte, mas também da existência da mesma cultura em várias das regiões de suas cercanias e rotas de acesso (em Chiquitos, na atual Bolívia, em Minas Gerais, São Paulo, Goiás e Pará). Da mesma forma que o investimento em gêneros agrícolas, o gado mato-grossense alimentaria, sobretudo, o mercado local.

Desde o início da colonização do Mato Grosso, as rotas de abastecimento e escoamento de sua produção foram foco de tensões. A capitania acabaria dividida pelos vales mineradores da bacia do Guaporé e do Cuiabá, cada qual alimentando uma vila principal: no primeiro, Vila Bela, vinculada à Belém do Pará; no segundo, Cuiabá, ligada diretamente a São Paulo e, por esta, ao Rio de Janeiro. Ambas disputariam a primazia no comércio das minas e de gêneros. Foi com o fortalecimento da praça mercantil carioca no final do século XVIII que Cuiabá acabou por exercer uma predominância sobre sua congênere.

A estratégia de fomento comercial da capitania foi um dos motivos de aproximação entre os governadores de Mato Grosso e de Chiquitos, no Alto Peru espanhol. Segundo o historiador Romyr Conde Garcia, o primeiro contato de "amizade e comércio" entre ambos teria ocorrido em fins de 1799, quando estabeleceram "laços cordiais" em Vila Bela, ao que se seguiram 20 anos de estreitas relações políticas e econômicas. Carlos Augusto de Oyenhausen e Gravenberg, que governou a capitania entre os anos de 1806-1819, afirmava ter contatos pessoais com os vizinhos espanhóis a ponto de se manter mais bem-informado da situação na Península Ibérica por correspondência com o governador de Santa Cruz de la Sierra, Sebastián Ramos, do que com a Corte do Rio de Janeiro. Foi dele que Oyenhausen primeiro recebeu, em janeiro de 1809, a informação sobre a derrota das tropas francesas em Portugal:

> Ilustríssimo e Excelentíssimo Senhor Governador e Capitão general da Província de Mato Grosso e Cuiabá nos Domínios de Sua Majestade Fidelíssima: comunico haver triunfado as armas de Sua Majestade Fidelíssima contra o General Francês Junot e seu orgulhoso exército [...] En consequência mandei celebrar este feliz sucesso com iluminação por dez noites, e cantar missa de graças com *te Deum*. (citado por Garcia: 2003, p. 283-284)

Poucos anos depois, em 1811, o mesmo Oyenhausen daria asilo político a espanhóis realistas de Santa Cruz e Chiquitos, quando da eclosão de uma rebelião no vale de Cochabamba, época em que na América espanhola já estavam em curso processos de independência. O que indica que havia, de fato, uma solidariedade realista envolvendo autoridades portuguesas e espanholas na América, temerosas de coisas que em 1808 já começavam a ser vislumbradas. Quando a paz foi restabelecida no Alto Peru, em 1813, as relações com o Mato Grosso foram retomadas e o governador reuniu negociantes e interessados para tratar das vantagens do comércio com a região. O que prova que a integração do mercado mato-grossense com as áreas portuguesas era insuficiente para um maior desenvolvimento econômico local mesmo quando a Corte no Rio veiculava a necessidade de um maior controle sobre o território luso-americano. Por mais que a instalação do príncipe fosse saudada pelos habitantes da capitania como uma possibilidade de melhorias, foram poucos os resultados práticos.

O "norte", o Maranhão e o Grão-Pará: onde a Corte é mais longínqua

Talvez tenha sido nas capitanias do que hoje corresponde ao Norte e Nordeste do Brasil que o impacto da instalação da Corte no Rio de Janeiro tenha sido mais difuso e, ao mesmo tempo, mais controverso. Pernambuco era uma tradicional área de colonização vinculada a grandes complexos açucareiros, à semelhança das terras baianas, além de uma capitania importante em termos políticos, onde se concentravam grandes fortunas nas mãos de uma antiga nobreza da terra. No começo do século XIX, o comerciante inglês John Mawe descreveu a capital, Recife, como dotada de "excelentes construções", e que parecia ter "mais negociantes abastados do que qualquer outro lugar do Brasil" (Mawe: 1978, p. 193).

Nessa época, Recife era um centro comercial e escoadouro de grande parte da produção agrícola do Ceará, Paraíba, Alagoas e Rio Grande do Norte, com seu porto ocupando o terceiro lugar em escala de negócios nos territórios portugueses da América. Pela sua situação privilegiada, os governadores da capitania gozavam de certa ascendência sobre as vizinhas e se davam ao direito de fazer algumas exigências, como a que foi imposta em 1797 aos comerciantes da Paraíba, em função do problema da falta de farinha na região: a cada quatro cargas de algodão que levassem para vender no porto de Recife, eram eles obrigados a transportar uma de mandioca para o abastecimento da capital pernambucana.

A Paraíba e o Ceará só deixaram de ser capitanias subordinadas administrativamente à de Pernambuco pela carta régia de 17 de janeiro de 1799, quando se lhes facultou o direito de realizarem um comércio direto com Portugal, por mais que Recife continuasse a centralizar as transações econômicas da região. A medida foi tomada numa época de crescimento, inclusive populacional, de toda a região, alicerçada na produção de algodão e por uma série de medidas reformistas que propunham formas de racionalização e melhoramento das condições dessas capitanias. Do total de habitantes de toda região, seu número passou de 367.358 em 1782 para 706.337 em 1808, portanto quase dobrou de tamanho. Para esse último ano, estima-se que cerca de 275 mil habitantes estivessem em Pernambuco, 166 mil em Alagoas, 150 mil no Ceará e pouco mais de 100 mil mais ou menos divididos pela metade, entre Paraíba e Rio Grande do Norte.

No Ceará, onde o incremento populacional tinha sido especialmente intenso, várias providências de ordem administrativa foram implantadas desde final do século XVIII, contribuindo para seu melhor desempenho econômico: abriram-se estradas, criaram-se casas de inspeção do algodão, fomentaram-se a cultura e exportação do arroz e, de modo muito particular, tratou-se da exploração do salitre ou nitrato de potassa. Ao contrário do Ceará, o Rio Grande não estava diretamente envolvido nos lucros da produção algodoeira, sendo descrito em 1808 pelo seu governador José Francisco de Paula Cavalcante de Albuquerque, em representação de 28 de setembro, em que solicita à Corte sua demissão do cargo, como "uma capitania tão devastada, tão pobre e combatida de secas e infelicitados tempos", cujos rendimentos perfaziam uma soma muito "enfraquecida" (citado por Leite: 1976, p. 97).

A despeito dessas diferenças, o comércio de toda a região, que já apresentava um crescente desempenho em fins do século XVIII, sairia ganhando com a abertura dos portos, principalmente em função da valorização que o algodão conhecia nos mercados mundiais, impulsionado pelo industrialismo inglês. Há indícios de que o comércio com navios daquela nacionalidade já era feito livremente antes de 1808, o que teria reforçado a formalização de uma abertura comercial que, na prática, já existia. Nessa época, mesmo terras de segunda categoria passaram a ser empregadas para o cultivo do algodão que, diferentemente da cana, era menos exigente em relação à qualidade do solo empregado. No entanto, o açúcar continuaria a ser um produto de primeira categoria, e em 1811 Pernambuco ultrapassaria o Rio de Janeiro na exportação do gênero; entre 1808 e 1819, a população de Pernambuco cresceria em cerca de 43%, atingindo 480.438 habitantes.

A concorrência com o algodão dos Estados Unidos preocupava a economia da região, alarmando D. Rodrigo de Souza Coutinho que, desde 1798, apoiava a implementação de várias medidas para melhorar a qualidade da matéria-prima cultivada na América portuguesa. Nos seus *Anais pernambucanos*, Francisco Augusto Pereira da Costa afirma que, antes de 1808, o algodão de Pernambuco era "o mais estimado nas fábricas da Inglaterra, não só pela sua bela cor e finura de fios como pela sua consistência e brilho, apresentando assim uma aproximada aparência de seda"; mas que depois "foi o algodão desta procedência desacreditando-se nos mercados europeus pelo mau preparo que lhe davam os produtores e exportadores, misturando as diversas qualidades" (Costa: VII, p. 57). A preferência por uma espécie produzida na Geórgia (Estados Unidos) foi apontada por John Mawe, que atestava a "falta de cuidado" daquela preparada no Recife no início do século XIX. Um dos obstáculos à sua melhora devia-se à dependência que os produtores tinham em relação aos prensários e comerciantes que monopolizavam seu beneficiamento, o que dava margens a abusos por parte dessa minoria privilegiada.

Dificuldades financeiras na administração da capitania de Pernambuco também agravavam a situação. Tem-se notícia de pelos menos dois empréstimos "destinados à defesa do Estado, à segurança da Real Coroa, e à glória da nação", que foram concedidos à região nos anos de 1796 e 1799 (citado por Leite: 1976). Além disso, a herança da extinta Companhia Geral de Pernambuco e Paraíba também contribuía para as dificuldades. Durante sua existência (1759-1780), o órgão fornecia aos senhores de engenho financiamentos para a compra de instrumentos de trabalho, bem como vendia escravos a crédito, o que contribuiu para a alteração no perfil demográfico das capitanias em que ela atuara: se na década de 1760 a proporção entre livres e escravos era, respectivamente, da ordem de 74,45% para 25,55%, no começo do século XIX ela passou para 65,42% e 34,58%. Da atuação da Companhia originou-se um processo geral de endividamento dos pernambucanos, dos quais um número considerável ainda se encontrava em débito em 1808. Para se ter uma idéia de como esse problema se arrastaria, quando da eclosão do movimento revolucionário de 1817 na capitania – que por três meses manteve um governo republicano independente da Corte do Rio de Janeiro –, seus envolvidos colocaram-se contra a administração da extinta Companhia e buscaram regulamentar a cobrança das dívidas dos proprietários.

Era assim que, por mais que a instalação da Família Real em sua nova sede difundisse um sentimento geral positivo em relação ao futuro do Império, em Pernambuco um dos seus primeiros impactos viria com a implementação de uma nova carga fiscal, a qual foi alvo de muitas críticas da população da região. O setor ligado à produção concebeu ser uma injustiça sua instituição para melhoramentos da Corte, já que a capitania estava assoberbada por

120 A CORTE E O MUNDO

endividamentos. A tensão daí advinda é claramente ilustrada pela atitude do governador Caetano Pinto de Miranda e Montenegro (1804-1817). Logo que chegou a Pernambuco, ele enviou a Lisboa um relatório da situação que encontrara, sugerindo medidas como a criação de novos tributos voltados especificamente a melhorar sua administração local (tal proposta foi "negada" pelo desembargador-procurador da Fazenda da Coroa).

Diante dos novos tributos estabelecidos entre os anos de 1808 e 1809 (conforme mostrado no capítulo anterior) e com as novas contribuições para as despesas da Intendência Geral de Polícia em 1811, Montenegro demonstrava estar profundamente receoso. Propunha que se utilizassem "meios indiretos" para a prática da sua cobrança, em vez de expedir um "bando" (saída oficial e pública de funcionários geralmente usada para noticiar à população algum aviso importante), como era costume. Sua justificativa era que assim, as autoridades não correriam o risco de "desafiar reflexões" pois que "toda circunspecção" lhe parecia "pouca em objeto tão melindroso e em tão melindrosos tempos" (Leite: 1976, p. 100). A mensagem estava dada.

Em outras ocasiões, Montenegro agiria de forma semelhante, informando a existência de descontentamentos populares em relação ao governo ou afirmando ser a época "desfavorável" para imposição de novas taxas, dada a efervescência reinante entre a população provocada pela "filosofia e política e suas infames e infernais sugestões". O governador chegaria até mesmo a advogar em nome da abolição do subsídio militar, temendo revoltas da população. Afinal, desde 1808 a crítica e a difusão de opiniões políticas ganhavam cada vez mais espaço nos principais centros urbanos da América portuguesa que, quanto mais distantes da Corte, menos controladas podiam ser.

A expressão dos controversos sentimentos que os pernambucanos tinham em relação à Corte na América ficaria evidente já em 1809. Em ofício de 12 de agosto, Montenegro dava informações sobre a solicitação feita pelo príncipe regente para que as figuras mais abastadas da capitania comprassem ações do Banco do Brasil. Segundo ele, o pedido encontrara ressonância quase nula no Recife, e somente três ações haviam sido vendidas, a dois negociantes. Diante de tudo isso, pode-se calcular que a expectativa de privilégios e melhorias diante da presença da Família Real na América, além de ser uma realidade mais distante na região, também foi sentida no seu lado mais oneroso, já que Pernambuco, sendo uma das capitanias portuguesas mais rentáveis, também seria uma das mais solicitadas pela nova carga fiscal. A preocupação do seu governador acerca dos "tempos tormentosos" se justificava, em meio a uma situação de afrouxamento dos vínculos dinásticos com um soberano que, além de continuar distante, valorizava de forma bem desigual seus domínios.

As capitanias do Maranhão e do Grão-Pará, eram ainda mais longínquas em relação à nova sede da Corte. Em 1772, elas haviam sido divididas em duas, sendo que a primeira ficou junto com o Piauí (com sede em São Luís), e a segunda composta por Pará e Rio Negro (com sede em Belém). Além de não possuírem rotas terrestres e fluviais diretas com o centro-sul da América portuguesa, havia grande dificuldade de realizar tais trajetos também pelo mar – em geral, estes eram feitos via Portugal. A comunicação com a Corte do Rio de Janeiro, portanto, seria exígua. Mas ambas eram partes importantes do Império Português, sobretudo após as reformas pombalinas que, com a Companhia Geral do Comércio da região (1755-1777), desenvolveram sua economia e integraram-nas melhor ao Império.

O Maranhão lucraria ainda mais com a instalação da Companhia. Até meados do século XVIII, a capitania praticamente sobrevivera dentro dos limites de uma economia de subsistência. Seu impulso inicial de povoamento esteve vinculado à prosperidade da economia açucareira nordestina e, no início do século XVII, foram levantados os primeiros pés de cana às margens do Itapicuru. Sua produção esteve longe de alcançar os índices esperados devido à escassez da mão-de-obra, à presença ameaçadora de grupos indígenas no Mearim e às dificuldades de escoamento da sua produção. Situação semelhante era vivida pelas demais culturas agrícolas, dentre as quais se destacava a do algodão que, até então, era usado como moeda corrente. A pecuária fizera mais rápidos avanços no interior, alavancada pela produção de açúcar do litoral, com a instalação das primeiras fazendas de gado no Piauí, atingindo também as margens maranhenses do Parnaíba. Ainda assim, a vila de São Luís sofria continuamente pela falta de víveres.

Com a criação da Companhia Geral de Comércio, a possibilidade de escoamento dos produtos do Maranhão gerou um crescimento significativo de sua produção baseada em novas iniciativas agrícolas, bem como profundas mudanças socioeconômicas. Mantendo o monopólio da navegação, do tráfico negreiro e da compra e venda de mercadorias pelo espaço de 20 anos, ela forneceu aos colonos escravos, ferramentas, sementes de arroz e máquinas para descascá-lo, além de propiciar processos mais adiantados de cultivo do algodão. A revolução industrial inglesa e as guerras na América do Norte aumentaram a demanda pelo algodão do Maranhão, garantindo-lhe mais de meio século de prosperidade. No final do século XVIII, o porto de São Luís era o quarto maior da América portuguesa em volume de exportação.

Estima-se que a produção algodoeira do Maranhão, que em 1760 era de 6.510 milhares de arrobas, tenha saltado em 1778 para 38.051; que, no mesmo período, a produção de arroz tenha pulado de 225 para 129.032; e que a de gado passou de 21.810 peças para 25.515, com oscilações. Essa tendência de crescimento, que continuaria a marcar a economia da capitania na primeira metade do XIX, foi responsável por uma acentuada desarticulação entre o alto sertão e o litoral, com duas bases socioeconômicas distintas: uma fundamentada na pecuária extensiva e a outra, na agricultura de exportação.

Para esse crescimento baseado nas grandes lavouras de arroz e algodão foi fundamental a importação maciça de negros escravizados. Os cativos indígenas, utilizados amplamente na capitania desde seus primórdios e proibidos pelo Diretório pombalino, diminuiriam drasticamente. No século XVIII, foi registrada a entrada de três mil escravos negros até a criação da Companhia de Comércio (1775); durante o período de sua atuação, 12 mil; e entre 1777 até o final do século (quando seu comércio acabou sendo monopolizado por alguns traficantes), 15 mil. Esses índices continuariam subindo nas primeiras décadas do século XIX. A médio prazo, a sociedade do Maranhão conheceria também uma alteração de perfil, tipificando-se como escravista. Da população estimada em 47.410 habitantes em 1777, seu número iria para 78.860 em 1798, sendo pouco menos da metade composta por escravos; em 1808, o total de habitantes era de 120 mil, e às vésperas da Independência era de 152.893, sendo cerca de 55% composta de escravos (a mais alta proporção de todas as províncias da América portuguesa). O aumento da importação de escravos africanos propiciado pelo governo de D. João em sua nova sede teve forte impacto no Maranhão, diminuindo ainda mais o isolamento econômico-geográfico da região.

No entanto, as distâncias ainda eram grandes. É o que explica como foi possível a manutenção no governo da capitania, mesmo após a chegada de D. João à América, de um sujeito chamado D. Francisco de Melo Manuel da Câmara, o "Cabrinha", que ocupou o cargo de 1806 a 1809. Dizia-se que ele havia se "comprometido, quando da invasão de Portugal pelas tropas de Napoleão, com declarada simpatia aos franceses", de quem "ocultava as derrotas, publicando sofregamente seus triunfos"; mais: que se "estivesse em Lisboa nada sofreria, porque seu sogro era amigo de Junot o qual talvez, longe de persegui-lo, bem poderia fazê-lo muito feliz e engrossar-lhes os bens". Era sabido que tinha amizade com o físico-mor Antônio José da Silva Pereira, também conhecido "partidista da causa francesa sem o menor rebuço", o qual erguera na capitania um verdadeiro "complexo industrial" que compreendia

124   A CORTE E O MUNDO

um curtume, beneficiamento de arroz, fábrica de cal, cera, pólvora, etc., quando emigrara do Reino (citado por Vianna:1981, III, p. 83). Era sintomático que D. Francisco tivesse uma opulenta biblioteca particular e estivesse totalmente antenado nos acontecimentos na Europa, em especial de Portugal, onde havia muitos "afrancesados", partidários de Napoleão. Gente assim o governo de D. João perseguia na América, mas era muito mais difícil ter em mira alguém nesses recônditos distantes.

Mas a invasão de Caiena (Guiana Francesa), mesmo longínqua, foi priorizada. Território francês fronteiriço com o Pará, sua conquista foi justificada pela necessidade de contenção do foco potencialmente revolucionário que ali poderia se instalar. Desde antes, já existia uma proibição à entrada de estrangeiros no Pará por aquela região sem autorização de Sua Majestade (D. Rodrigo expediu tal ordem em 1800, após saber da passagem do naturalista Alexander von Humboldt pelo Brasil). Na esteira da questão política envolvendo Caiena, estava a quase paralisação do comércio do Pará, que se destinava maciçamente a Lisboa. Dessa forma, a operação militar abriria também uma alternativa econômica para negociantes, que tanto puderam se valer de relações com firmas francesas como fornecer empréstimos ao governo em troca do controle do abastecimento das tropas. Não foi à toa que, como forma de festejar a ocupação francesa, o negociante Francisco José Gomes Pinto fez celebrar "missa com solenidade magna" a suas expensas; um outro, Francisco Baptista de Carvalho, decorou todo o Teatro de Belém, por dentro e por fora (citado por Baena: 1969, p. 280).

Como região fronteiriça, vinculada à exploração das "drogas do sertão" e que dispunha de uma incalculável reserva de tribos indígenas, a tentativa de racionalização da exploração do Pará, empreendida no século XVIII por Pombal, veio junto com a premente necessidade de defendê-la da cobiça de estrangeiros. Nesse sentido, cuidou-se do aparelhamento militar da região, bem como do desenvolvimento de um vasto projeto de navegação de rios como o Negro, o Madeira e o Javari, com o assentamento de fortalezas e feitorias. E mesmo que lá a Companhia de Comércio não tenha colhido tão fartos proveitos como no Maranhão, a capitania conheceria uma expressiva dinamização do comércio. Suas exportações valiam menos da metade das conseguidas pela capitania vizinha, mas, em relação a um passado próximo, atingiam índices inéditos. As comunicações com o Mato Grosso e Goiás pelos rios Madeira e Tocantins passaram a ser feitas com mais intensidade, como também com Lisboa, para onde se embarcava cacau, arroz, café e algodão.

O crescimento demográfico do Pará também seria significativo. Em 1772, eram cerca de 55 mil habitantes; na virada do século, cerca de 83 mil (dos quais 67 mil no Pará e o restante no Rio Negro); em 1819 a população já somava 123.901 (dos quais 79 mil no Pará). No período de atuação da Companhia, começaram a haver incentivos também para uma maior utilização de escravos negros. Assim, entre 1755 e 1777, chegaram à capitania em torno de 15 mil africanos. Tem-se inclusive notícia de que um levante de negros, nas cercanias de Belém, amedrontou as autoridades em 1795, época em que mais da metade da população da capital era composta por escravos. Apesar disso, o enraizamento da escravidão negra não seria tão profundo como no Maranhão, em função da tradicional utilização de cativos indígenas. Seria muito comum, outrossim, a utilização simultânea, em lavouras e obras públicas, de trabalho escravo africano e indígena.

No que toca aos indígenas, as reformas pombalinas também tiveram grande impacto na região, quebrando a hegemonia histórica do trabalho missioneiro na Amazônia e laicizando sua administração por meio do Diretório. Antes de sua instituição, dois alvarás publicados em junho de 1755 já revogavam "todas as leis, regimentos, resoluções e ordens" que, desde o descobrimento, permitiram a "escravidão dos referidos índios" nas Capitanias do Grão-Pará; decretava-se também a extinção do poder temporal das ordens religiosas sobre as aldeias e a completa liberdade de todos os indígenas. A grande escassez de colonos brancos na região fez com que muitos nativos fossem nomeados para o cargo de "diretor", conforme previsto na instituição pombalina.

No entanto, as dificuldades na implementação do Diretório, causadas pela violência que sempre marcara a relação dos portugueses com os indígenas, acabariam por facilitar a ação dos primeiros, explorando o trabalho dos segundos, pois a laicização, no fim, deixaria os indígenas completamente à mercê dos colonos. Com a extinção do Diretório em 1798, esses indígenas deixaram de estar sujeitos a qualquer forma de tutela, sendo encontrados espalhados pelos povoados, vilas e cidades, formando grande parte dos homens livres que passaram a integrar os estratos subalternos da sociedade paraense. E mesmo com o grande afluxo de cativos africanos em fins do XVIII, manteve-se uma alta demanda pelo trabalho indígena em todo tipo de serviço. Conforme já se viu, a política de D. João na América colocaria por terra os pressupostos reformistas de integração dos indígenas no centro-sul; no Pará, a questão seria mais complexa, pois o número destes e sua presença social eram muito maiores.

Das preocupações de D. João em relação ao Pará, a questão da Guiana Francesa pareceu a mais candente. Logo após a declaração oficial de guerra à França, em outubro de 1808, partiu da Vila de Chaves a primeira expedição em direção à Caiena, composta, segundo o governador D. Francisco de Mello Manoel da Câmara, por "1.200 homens da tropa de linha, distribuídos em três destacamentos, secundados e protegidos por nove embarcações de guerra, que sendo preciso o podem aumentar com parte das suas guarnições" (citado por Souza Júnior: 1997, p. 98). No início de 1809, elas ocuparam a capital, mas as dificuldades encontradas não foram poucas. Segundo o historiador José Alves de Souza Júnior, as más condições em que eram mantidas as tropas de ocupação, em decorrência da precariedade do abastecimento, faziam com que fosse constante um clima de intranqüilidade. Havia muita tensão entre os soldados, base para a eclosão de um motim, em março de 1811, cujos resultados foram ordens para remoção dos oficiais que ali se encontravam.

Mas a fronteira com terras espanholas também era motivo de apreensão. Em 1809, quando foi formada uma junta de governo em Quito (ver capítulo 4), o governador do Grão-Pará esteve em situação bastante delicada. Com a derrota do movimento, alguns de seus principais cabeças se refugiaram na província de Maines, fronteiriça ao porto de Tabatinga, e as autoridades do Rio Negro solicitaram autorização para que eles pudessem seguir para a Espanha, passando pelos territórios portugueses da América. Alegavam que tinham receio de que o Grão-Pará, completamente desguarnecido, pudesse cair em poder dos rebeldes. No entanto, o governo paraense não titubeou em desautorizá-los, sob a justificativa de que assim poderiam trair os laços de amizade entre as duas monarquias ibéricas (e a solidariedade política entre ambas, fundamental naquele momento). A postura era distinta daquela assumida por Oyenhausen quando governava o Mato Grosso, justificada pelo fato de o Alto Peru manter laços de amizade e de comércio favoráveis aos portugueses. No Pará nem isso havia, somente o perigo de contágio revolucionário, em se tratando de uma região inóspita, onde o deslocamento de tropas era difícil.

Desse modo, a instalação da Corte no Rio de Janeiro trouxe poucos benefícios imediatos para o Grão-Pará que, aliás, e à exemplo do Maranhão, via-se privado da intensa rede comercial até então mantida com Portugal. Mas o momento era vivido pelos contemporâneos como profundamente instável, e, se em algumas paragens, apoiar-se-ia a permanência da Corte portuguesa na América como forma de obtenção de algum progresso, no norte sua volta à Portugal poderia até ser vislumbrada como positiva. Quando D. João − que já havia sido corado rei − deixou o Rio de Janeiro em 1821, autoridades paraenses enviaram cartas saudando seu retorno a Lisboa. Diverso era o território português na América, bem como o impacto dos acontecimentos de 1808.

A América (ainda) espanhola e os Estados Unidos

No capítulo anterior, vimos como o impacto da mudança da Corte foi diversificado nos vários "Brasis" que compunham os domínios portugueses da América; nem poderia ser diferente, na medida que essas partes não formavam uma unidade político-administrativa e possuíam perfis socioeconômicos específicos, não havendo, portanto, um único "Brasil" que pudesse sentir e reagir ao acontecimento. Nas primeiras décadas do século XIX, *Brasil* era uma designação genérica para um conjunto de territórios que, a despeito de vários pontos de encontro e articulação recíproca, não podiam formar um Estado e uma nação próprios. Assim, é importante destacarmos que, embora a designação *Brasil* já existisse, ela não portava o conteúdo que viria a ter poucos anos depois.

Isso já bastaria para justificar a importância de se tentar entender os acontecimentos portugueses de 1808 também em uma perspectiva *americana*. Pois do mesmo modo que *Brasil*, mas ainda mais freqüentemente, o termo *América* – no singular ou no plural – era utilizado, no começo daquele século, para identificar as colônias lusas que, como vimos anteriormente, ofereciam, diante do avanço militar francês sobre a península, a grande possibilidade de sobrevivência da monarquia bragantina e do seu Império.

Portanto, as identificações *Brasil* ou *Brasis* portavam um conteúdo também geográfico, o que tornava o continente americano, como um todo, cenário das expectativas de futuro que a transferência da Corte acarretava. Era *da América* que a reação poderia vir. Mas há uma outra coisa: a transformação de um dos "Brasis" em sede do Império Português repercutiu por toda a parte. Se ainda há muito o que investigar a esse respeito, é sabido que no restante do continente americano esse impacto se fez concomitantemente ao desenvolvimento de situações específicas de grande importância, e em geral articuladas à situação política do mundo ocidental. O ano de 1808, conforme veremos a seguir, foi especial também nas Américas não-portuguesas, onde o Império Espanhol começava a ruir, fomentando as primeiras sementes dos movimentos de independência que começariam a ocorrer em breve (e que, 18 anos depois, fariam surgir 16 novos Estados nacionais), e onde os Estados Unidos davam seus primeiros passos em direção a uma posição central no cenário internacional que subsiste até os nossos dias.

A América espanhola, realista por toda parte

No começo do século XIX, os territórios espanhóis no continente americano compreendiam uma vasta zona que se estendia do norte da Califórnia até alguns bons quilômetros ao sul de Buenos Aires. Em termos administrativos, havia quatro vice-reinos e cinco capitanias gerais. Os primeiros, mais extensos e importantes politicamente, eram: o Vice-Reino de Nova Espanha (ou México), que compreendia parte dos atuais Estados Unidos (Califórnia, Nevada, Utah, partes de Wyoming e Colorado, Arizona, Novo México e Texas), além do México e quase todo o Caribe, com exceção de Cuba e Porto Rico; o Vice-Reino de Nova Granada correspondia, aproximadamente, aos atuais Panamá, Colômbia e Equador; o Vice-Reino do Peru englobava boa parte do atuais Peru e Bolívia, bem como o norte do Chile (o deserto de Atacama); e o Vice-Reino do Rio da Prata, que correspondia aos atuais Paraguai, Uruguai, Argentina e partes de Peru e Bolívia. As capitanias eram: Cuba, Porto Rico, Guatemala, Venezuela e Chile, unidades administrativas que em muitas instâncias se misturavam com as dos vice-reinos.

Nessa época, a população total dos domínios hispânicos na América gravitava em torno de 14 milhões de habitantes. Por toda parte, com ênfases distintas, havia uma complexa mescla societária entre populações nativas e seus descendentes, espanhóis peninsulares, espanhóis nascidos na América (os *criollos*), escravos africanos, afrodescendentes livres e, claro, mestiços entre todos esses grupos, que formavam quase sempre as maiorias locais. O que implicava também uma sobreposição de formas de organização social distintas, geradas a partir do início da conquista colonial espanhola no século XV; hierarquias de matriz européia e hierarquias de matriz indígena, porém, organizavam-se, sempre, a partir da prevalência das primeiras sobre as segundas.

Toda essa enorme diversidade tinha pontos de convergência: por uma série de medidas tomadas entre 1765 e 1795, a Espanha flexibilizou o regime de monopólio, passando a regulamentar o comércio recíproco entre suas colônias e destas com outras colônias de outras regiões, com o intuito de tornar os domínios espanhóis mais coesos e articulados. Também havia elementos permanentes de convergência: a religião católica oficial, a lealdade aos monarcas espanhóis, as instituições hispânicas, a participação em uma comunidade social identificada e reconhecida como *nação espanhola*. Claro, tais convergências eram todo o tempo contestadas, de diversas formas e em diversas ocasiões oferecidas pelo cotidiano das pessoas que viviam nessas regiões, mas também muita dessa diversidade de fato comportava-se enquanto um coletivo, todo ele desigual e hierarquizado, mas um coletivo do qual todos os súditos espanhóis se reconheciam como participantes. Assim, o que ocorre em 1808 varia de parte a parte, mesmo que, no que diz respeito aos acontecimentos diretamente relacionados com a crise da monarquia espanhola, no final das contas resultem, como veremos ao final, em pontos de convergência.

A Nova Espanha era, de longe, o mais populoso dos vice-reinos: uma estimativa para o ano de 1810 falava em 6.122.354, talvez a metade ou quase da população total da América espanhola. Tal população concentrava-se, em sua imensa maioria, nas regiões do centro e do sul, principalmente México, Guanajuato, Valladolid, Puebla e Oaxaca. Tal concentração também chegava à capitania da Guatemala, ao sul do Vice-Reino, cuja população deveria girar em torno de 1 milhão de habitantes. Desde há muito, Nova Espanha era também o Vice-Reino que gerava mais riqueza à Espanha – em 1800 produziria, 66% do total de prata da América espanhola, que respondia por 90% da produção mundial –, como também o mais importante politicamente dentre todos os domínios espanhóis fora da Europa. Isso explica porque, como vimos anteriormente, em vários momentos durante a crise de 1808, tenha-se falado na possibilidade de transferência da Corte espanhola para lá. Também tinha importante agricultura e, embora crises de abastecimento fossem freqüentes desde as primeiras décadas do século XVIII, elas se faziam mais freqüentes desde fins do mesmo século; entre 1808 e 1809, a Nova Espanha conhecia uma especialmente grave, com fortes secas, escassez de trigo, fome e baixa de salários.

Por sua centralidade econômica e política, Nova Espanha sempre sentia diretamente os efeitos das guerras decididas no continente europeu. Assim, a abertura de hostilidades entre Grã-Bretanha e França em 1803, tendo levado à aliança desta com a Espanha em dezembro de 1804 e janeiro de 1805, fez recair sobre o Vice-Reino, como medida emergencial, o recolhimento de tributos financeiros e dos fundos de caridade arrecadados por sua pujante igreja, que deveriam ser destinados a ajudar a Espanha. Em um contexto de dificuldades econômicas para a Nova Espanha, a chiadeira foi geral, tendo como porta-voz uma figura de destaque do clero local: o bispo de Michoacán, Manuel Abad y Queipo. A contribuição seria abolida em 1808, por iniciativa do próprio vice-rei José Iturrigaray, e no ano seguinte formalmente extinta pela Junta Suprema reunida em Sevilha, quando os fundos arrecadados sequer tinham seguido para Europa.

Em suma: em 1808 as guerras napoleônicas e a crise da monarquia espanhola encontram uma Nova Espanha em dificuldades, em meio a uma crise econômica que ainda se agravaria bastante, mas que implicava desde já conseqüências que se refletiam diretamente nas condições cotidianas de sobrevivência de muitos de seus habitantes.

As notícias dos dramáticos acontecimentos ocorridos na Espanha entre abril e maio de 1808 foram chegando ao Vice-Reino de diferentes fontes e em diferentes momentos, durante os primeiros dias de junho e últimos de julho. Primeiro, a Campeche e Vera Cruz, na costa do golfo; depois Mérida e Jalapa, logo na cidade do México; depois Puebla, Querétaro, San Luis Potosí, Zacatecas, Monterrey, Guadalajara, Guanajuato, San Miguel el Grande, Mezquitic, Sombrete... No que diz respeito à capital, temos uma boa cronologia da chegada das notícias: em 8 de junho, as do motim de Aranjuez, da derrubada de Godoy e da ascensão de Fernando VII; em 23 de junho, as da partida da Família Real a Baiona e do motim antifrancês de Madri; em 16 de julho, a das abdicações de Fernando VII e Carlos IV em favor de José Bonaparte; em 28 de julho, a de que o levante antifrancês era geral por toda a Espanha; finalmente, em 2 de agosto, um dos periódicos editados em Nova Espanha, a *Gazeta del Gobierno de México*, publicou a declaração de guerra da Suprema Junta de Sevilha à França. Assim, durante quase dois meses, os habitantes do Vice-Reino foram tomados por informações, expectativas, incertezas e temores dos mais variados, em meio aos quais procuravam agir. A título de exemplo: a *Gazeta del Gobierno de México* publicou integralmente, em 10 de agosto de 1808, a convocatória de Murat à representação americana nas "Cortes" de Baiona; ou seja, mesmo depois de saberem da declaração de guerra de uma Junta de Governo espanhola à França, as autoridades reais do México não tinham clareza do que estava em jogo, quem estava contra quem e do que deveriam fazer.

É importante salientar que há muito tempo que as imprensas eram relativamente comuns em Nova Espanha, onde também foi criado o primeiro periódico da América espanhola (a *Gaceta de Mexico y Noticias de Nueva Espana*, de 1722), e que até 1808, além da *Gazeta del Gobierno de México*, outros três periódicos lá seriam criados (o *Noticioso General*, em 1803; o *Diario de México*, em 1805; e o *Jornal Económico de Veracruz*, em 1806). Não era novidade, para os novo-hispanos, tomar conhecimento do que ocorria na Espanha ou em outras partes do mundo; porém, do que eles tomavam ciência agora, em 1808, era diferente. De acordo com o historiador Marco Landavazo, "a partir de julho e agosto de 1808, o assunto fundamental que ocuparia e preocuparia os novo-hispanos seria a invasão francesa e o cativeiro do malogrado monarca. Com tristeza e insegurança pela situação, ou com moderada alegria quando se sabia de algum triunfo das forças guerrilheiras espanholas, não se falava de outra coisa nas conversas nos cafés, nas ruas, nas vendas e mercados, nas tertúlias, nas conversas familiares. O tema das 'ocorrências do dia' ressurgia em todo lugar, em muitos panfletos que começaram a ser publicados, em espetáculos públicos como o teatro ou as 'sombras chinesas' onde eram encenadas pequenas peças alusivas aos sucessos espanhóis, nos sermões pronunciados nas igrejas" (Landavazo: 2001, p. 49-50).

Confusas, as autoridades procuraram se manter vigilantes, a começar pelo vice-rei José de Iturrigaray, pois não estavam preparadas para tamanha mobilização envolvendo política. A circulação de material impresso, por exemplo, foi vista com temor, e várias localidades foram instadas a oferecer recursos e pessoas prontas a colaborarem com a defesa do território, o que envolveu até mesmo repúblicas de índios (em San Luis de la Paz, Guadalajara, Lagos, Chalco, Querétaro, Texcoco, Veracruz, Jalapa, Puebla, San Juan e Santiago). Em Oaxaca, a mobilização levou a alterações no governo local, e na cidade do México as agitações levaram à mudança do próprio governo do Vice-Reino. O problema maior era o mesmo que dizia respeito também a Espanha: na ausência do rei, como fica a soberania? Quem deve representar os povos de onde ela própria emanava?

Na capital, duas principais forças políticas se posicionaram a partir da chegada das notícias da Espanha, expressando ambas um forte realismo em defesa da autoridade de Fernando VII, da unidade da monarquia e do Império: o *ayuntamiento* – que era um corpo administrativo imperial espanhol correspondente a uma instância de poder local – e a Real Audiência. Diante da crise, o primeiro propunha que ele passaria a representar o conjunto das autoridades de Nova Espanha em nome do rei; no entanto, isso era visto (corretamente) pela Real Audiência como um princípio revolucionário, portanto potencialmente subversivo, na medida em que o *ayuntamiento* não tinha, ordinariamente, autoridade sobre outras partes do Vice-Reino que não a capital. Assim, a proposta da Audiência era em defesa de uma manutenção estrita do estado de coisas vigente, recusando-se a constituição de qualquer nova autoridade, bem como a realização de qualquer aclamação ou juramento a ninguém além do rei.

Em pouco tempo, a posição do *ayuntamiento* cristalizou a proposta de formação de uma junta de governo no México, seguindo o exemplo do que ocorria na Espanha, e reunindo autoridades e "notáveis" de várias regiões do Vice-Reino, que deveriam então governar em nome de Fernando VII. O vice-rei Iturrigaray passou a apoiar a proposta e conseguiu até mesmo reunir uma primeira composição dessa junta, em 9 de agosto de 1808. Quando, em seguida, chegaram as notícias da criação, em Sevilha, de uma junta que se dizia "suprema", as coisas pareciam caminhar para um consenso, embora a Audiência mantivesse sua posição contrária a qualquer reconhecimento; mas quando soube-se que outras juntas da Espanha não necessariamente reconheciam a de Sevilha, que era portanto apenas mais um governo regional, o próprio Iturrigaray colocou-se contra todas elas, esvaziando sua iniciativa anterior e fortalecendo a Real Audiência.

O vice-rei já era bastante impopular antes da crise de 1808, tendo sido nomeado pelo odiado Manuel Godoy, tido por corrupto e com uma esposa perdulária e ostentatória de um luxo aristocrático que nem todos os habitantes estavam dispostos a aceitar. As novas do motim de Aranjuez e da queda de Godoy causaram festa em vários lugares de Nova Espanha, e sem dúvida fragilizaram a posição de Iturrigaray. Valendo-se do vazio de poder criado em todo o Império, um grupo politicamente organizado em torno da Real Audiência, sob a liderança de Gabriel de Yermo, perpetrou um golpe, derrubando Iturrigaray em 15 de setembro de 1808, prendendo-o junto com várias pessoas consideradas "radicais" e "subversivas", isto é, defensores da criação de uma junta de governo soberana na Nova Espanha, e que foram todas enviadas à Espanha. No lugar de Iturrigaray, foi colocado Pedro Garibay, dando início a uma série de breves e instáveis governos no Vice-Reino.

No entanto, a grande maioria daqueles espanhóis peninsulares e *criollos* que tomaram parte no fracassado movimento pela formação de uma junta em Nova Espanha não reconheciam a alcunha de "radicais" ou "subversivos" que acabaram por justificar sua prisão. Um deles, Francisco Primo Verdad y Ramos, era membro oficial do *ayuntamiento* até ser detido no dia 15 de setembro (morreria na prisão). Três dias antes redigiu uma *Memória postuma*, onde sintetiza a situação vivida naquele momento no Vice-Reino:

> A crise em que atualmente nos achamos é de um verdadeiro interregno *extraordinário*, segundo a linguagem dos políticos; porque estando nossos soberanos separados de seu trono, em um país estrangeiro e sem liberdade alguma, sua autoridade legítima lhes foi proibida: seus reinos e senhorios são uma rica herança adormecida, que correndo o risco de ser diminuída, destruída ou usurpada, necessita ser posta em fidelidade ou protegida por meio de uma autoridade pública; e nesse caso, quem a representa? Por acaso isso diz respeito ao senado ou ao povo? (citado por Romero & Romero: 1977, I, p. 90).

Outro participante destacado do movimento juntista era frei Melchor de Talamantes, natural do Peru, mas radicado em Nova Espanha. Em meio aos acontecimentos que o levariam à prisão (e também à morte), escreveu uma *Idea del Congreso Nacional de Nueva España*, dedicada ao *ayutamiento* da cidade do México. À exemplo de Primo Verdad, Talamantes também era realista, mas na sua obra coloca perguntas cuja simples possibilidade de serem feitas indica o grau de transformação e ruptura vivido naquele momento; pois, embora suas respostas pessoais (sempre negativas) fossem em direção à necessidade de formação da junta como forma de manutenção dos vínculos entre Nova Espanha e o restante da monarquia, outras poderiam discrepar frontalmente desse princípio. Eram, portanto, perguntas muito "perigosas":

> O reino de Nova Espanha basta por si só? Nas atuais circunstâncias, ou mesmo sem elas, é por um acaso igual ou superior à Espanha peninsular? Pode esta, atualmente, governar com facilidade este reino? O governo da metrópole espanhola é por ventura incompatível com o bem geral do reino de Nova Espanha? Por acaso este reino foi, no passado ou no presente, oprimido pelo governo da península? Nos consta que a metrópole tenha adotado outra Constituição política, seja por uma eleição espontânea, seja por força das circunstâncias? As principais províncias da metrópole se fizeram, ou devemos temer que se façam, dentro em breve, independentes entre si? A metrópole foi submetida voluntariamente, ou se viu obrigada a sofrer o julgo de uma dominação estrangeira? Por acaso a religião da metrópole mudou, ou é temível que no futuro seja consideravelmente mudada? Os habitantes da Nova Espanha exigem, de modo geral, a independência?"(citado por Romero & Romero: 1977, I, p. 98).

Em Nova Espanha, a autoridade de Fernando VII não era – ainda – afrontada. No entanto, em 1808 começavam a ser dadas as condições para que, em um futuro muito próximo, isso começasse a ocorrer. O modo como as coisas se sucederam no principal dos domínios espanhóis fora da Europa é, nesse sentido, paradigmático: embora prevalecesse, ao cabo daquele ano, um forte realismo empenhado em não transformar as coisas, isso era impossível. Até mesmo a reação da Real Audiência a um movimento que, também realista, era tido como revolucionário, não deixava, ela própria, de sê-lo. Afinal, mesmo tentando mexer o mínimo possível nas instituições, organizações e lealdades políticas, a Audiência precisou derrubar o vice-rei, que fora nomeado pelo rei da Espanha, fazendo surgir novas lideranças sem seu consentimento, o que também poderia ser considerado subversivo.

Além disso, na Nova Espanha os traumas causados pelos conflitos de 1808 não tardariam a alimentar velhas fissuras internas e a criar novas. Basta destacar que o padre Miguel Hidalgo y Costilla, bem como outras lideranças do grande movimento insurgente popular iniciado em 1810, não se cansaria de apontar para aquele ano de 1808 como sendo uma das fontes de suas presentes atitudes. E quando o México finalmente se tornou independente da Espanha, em 1821, toda a base de apoio à separação tinha sido construída a partir da rejeição a comoções populares ou a subversões da ordem política e social. Tal rejeição começou a ser construída em 1808, e não poderia ser levada adiante sem pagar o preço básico de sua contradição de origem: para manter as coisas, seria necessário revolucioná-las.

A capitania de Cuba, sediada em Havana, foi criada em 1764. Era um domínio bastante importante da monarquia espanhola, sobretudo após a revolução na colônia francesa de Saint-Domingue, iniciada em 1791, ter quebrado a produção açucareira de uma de suas principais competidoras. No início do século XIX, Cuba respondia por parcela sensível da produção daquele gênero nas Américas e, com uma população em torno de 600 mil habitantes (dados de 1810), empregava largamente a escravidão africana (218 mil, contra 274 mil peninsulares e *criollos* e 108 mil afro-descendentes livres). Cuba tinha, assim, papel de destaque nas redes comerciais que conectavam o Caribe à economia mundial. Tal pujança comercial explica, em boa medida, uma grande singularidade da trajetória histórica da ilha ao longo do século XIX: diferentemente de todos os outros territórios espanhóis americanos – com a única exceção de Porto Rico – Cuba atravessaria, todo o século mantendo-se na condição de colônia da Espanha (sua independência ocorrerá somente em 1898). Mesmo assim, ela sofreria fortes impactos da grande crise aberta pelo vazio de poder de 1808.

A importância de Cuba era também geopolítica, e aumentou com o início da guerra entre Grã-Bretanha e França em 1803 que, sendo um conflito também naval envolvendo a Espanha, desdobrar-se-ia em territórios coloniais. A compra da Louisiana pelos Estados Unidos (1803) e a independência do Haiti (1804) sublinharam o caráter estratégico da região, que no ano seguinte por pouco não conheceu enfrentamentos entre as armadas britânica e franco-espanhola. O encontro entre vários impérios coloniais – espanhol, francês, britânico e também holandês – fazia do Caribe também uma espécie de turbilhão onde diferentes perspectivas políticas se encontravam. Além dos sucessos do Haiti, desdobrados da Revolução Francesa, a memória da independência das Treze Colônias britânicas (1776) não estava apagada, e em 1808 residiam em Cuba muito franceses emigrados tanto de Saint-Domingue como da Louisiana.

Não sabemos exatamente desde quando, mas a transferência da Corte portuguesa para o Rio de Janeiro e a abertura dos portos da América portuguesa já eram conhecidas em Cuba, seguramente, no primeiro semestre de 1808. Pouco depois, em 29 de novembro daquele ano, um dos mais destacados representantes da elite açucareira hispano-cubana da época, o senhor de engenho Francisco de Arango y Parreño, redigiu um texto político-econômico em que se propunha a analisar formas de desenvolver a economia de Cuba (*Informe del síndico en el expediente instruido*

140 A CORTE E O MUNDO

por el Consulado de La Habana sobre los medios que conviene proponer para sacar la agricultura y comercio de la isla del apuro en que se hallan), reconhecendo a gravidade da situação em que a ilha se encontrava diante da crise na Espanha:

> Encurtemos as distâncias, colocando-nos de acordo que as possessões inglesas e portuguesas da América são nossas companheiras nesta aflição e nossas rivais na busca de meios para sairmos dela, e que nós, por todo princípio positivo de interesse e justiça, estamos em situação de fazer todos os esforços possíveis para conseguirmos o que elas conseguirem [...]. Decida-se se é possível que a Metrópole [a Espanha] possa em tais circunstâncias tirar utilidade desse comércio de trânsito, e que com ele seja possível ganhar ou pelo menos fazer concorrência com o açúcar português que agora vai diretamente aos mercados estrangeiros, e com o inglês, que pode dizer que são seus todos os portos que estão abertos e que sempre tem as vantagens que diremos adiante... (Arango: 2005, p. 472-473).

A "aflição" de Cuba a que se referia o autor certamente era anterior às notícias vindas da América portuguesa, mas aumentaria muitíssimo com a chegada daquelas vindas da Espanha. As novas do motim de Aranjuez, da queda de Godoy e da ascensão de Fernando VII devem ter chegado à ilha por volta do dia 6 de junho. Sabemos com certeza que em 14 de julho – dois dias antes do México – aportaram em Cuba as das abdicações de Baiona e da ascensão de José Bonaparte ao trono espanhol. Nessa ocasião, o governador da ilha, Marquês de Someruelos, deu a público a notícia, pedindo fidelidade à junta regional de Sevilha que, por esta altura, acreditava-se realmente congregar as demais existentes na Espanha. No dia 20 de julho, o *ayuntamiento* de Havana jurou lealdade a Fernando VII, mas dois dias depois Someruelos passou a advogar a formação de uma junta própria na capital. Nesse mesmo dia 22, foi estabelecido um acordo entre o capitão e o *ayuntamiento* para a concretização da medida, que deveria ser tomada em nome de Fernando VII e da unidade do Império. Na ata firmada na ocasião, afirmava-se que:

> se estabeleceu, por unanimidade, que o que para tão grande empresa pode ser feito de imediato é publicar pelo mundo os justos e elevados sentimentos de todos estes habitantes, e ocupar-nos seriamente de conservar esta Ilha durante a presente crise com este mesmo entusiasmo, tirando dele os partidos que mais possam conduzir ao auxílio da Metrópole, e procurando evitar os excessos que se oponham à conservação de nossa tranqüilidade interior. (Arango: 2005, p. 546-548).

Paralelamente, um grupo de gente influente já se articulava na mesma direção, e os esforços pareciam convergir para o mesmo ponto. Assim, no dia 26 de julho, pouco depois do acordo, começou a circular em Havana uma petição a favor da formação da junta, assinada, entre outros, pelo síndico procurador do *ayuntamiento* de Havana, Tomás de la Cruz Muñoz, pelo tenente real José Ilincheta, pelo Conde de O'Reilly, pelo alcaide ordinário Andrés de Jáuregui, e também pelo já citado Arango y Parreño. Em pouco tempo foram recolhidas as assinaturas de 73 homens, a grande maioria poderosos comerciantes espanhóis peninsulares e *criollos*, muitos dos quais se reuniam com certa freqüência em tertúlias, onde se discutia política, economia e os assuntos do dia. À exemplo de Nova Espanha, Cuba já possuía certa tradição nesse tipo de discussão, tendo inclusive conhecido a publicação de três periódicos ao longo do século XVIII (*El Pensador*, de 1764; o *Papel Periódico de Havana*, de 1790, e o *Regañon*, de 1800), e possuía até mesmo uma biblioteca pública, criada em 1793. Além disso, a própria posição geográfica da ilha, bem como sua intensa atividade comercial, favorecia o vaivém de homens, mercadorias, notícias e idéias provenientes de várias partes do mundo ocidental.

A junta que se esboçava em Havana deveria, segundo a proposta de seus planejadores, unificar instituições locais que, na prática, gozavam de considerável autonomia e serviam como espaços de poder político: a Intendência de Exército e Real Fazenda, o Comando Geral da Marinha e a Real Fábrica de Tabacos. Desse modo, e também a exemplo do que ocorria em Nova Espanha, a formação de uma junta em Havana implicaria, necessariamente, um rearranjo de poderes locais; nesse caso, com o enfraquecimento de poderes já consolidados, fazendo com que a tentativa de sua criação encontrasse fortes resistências. Manifestações contrárias a ela viriam à tona já no dia 28 de julho e contavam com uma liderança militar, a do brigadeiro Francisco de Montalvo. A idéia da junta foi rapidamente abandonada, e Someruelos manteve e reforçou seu poder.

Os acontecimentos de 1808 em Cuba ainda são muito pouco estudados. De acordo com um dos raros historiadores que chamaram atenção para essa lacuna, Allan J. Kuethe, o movimento juntista teria se esvaziado rapidamente porque seu representante mais expressivo, e que certamente era também seu mais consistente ideólogo, Arango y Parreño, não parece ter sido capaz de afrontar a pesada resistência, talvez ele próprio assustado com uma falta de consenso que não esperava encontrar. Nos muitos escritos que nos deixou, Arango não oferece uma versão pormenorizada e precisa do que ocorreu, o que talvez implicasse riscos de um comprometimento futuro que sua confortável posição na sociedade hispano-cubana não aconselhava. Em suas obras, contemporâneas aos acontecimentos ou posteriores a eles, as fissuras internas e os conflitos não estão de todo ausentes, mas são secundários diante de suas afirmações de realismo e fidelidade.

No dia 2 de agosto, chegou a Havana um representante da junta regional de Sevilha, o brigadeiro Rafael Villavicencio, portando oficialmente as pretensões da mesma em se fazer "suprema". Nesse momento, e à exemplo do que ocorria na Nova Espanha com a atuação da Real Audiência, as informações eram confusas, o que fez com que, de início, a junta de Sevilha parecesse uma solução para o problema da ausência do rei. Segundo Arango y Parreño, escrevendo em outubro de 1808, "com as primeiras notícias que recebemos da Espanha sobre estes particulares [...] bastava que se nomeasse o desgraçado Fernando para excitar em nossos peitos a mais cega submissão", de modo que, quando ficaram sabendo da junta de Sevilha, "todos, sem mais reflexão, seguimos aquele chamado, e em nosso interior decidimos ao reconhecimento absoluto daquela supremacia" (Arango: 2005, p. 542-543).

Logo, porém, correria a notícia de que havia outras juntas na Espanha e que, portanto, a de Sevilha não era, de fato, central. A partir de então, sobressairia a idéia – a mesma da Real Audiência mexicana – de que a formação de qualquer novo governo ou o reconhecimento de qualquer nova autoridade eram coisas perigosas, representando sérios riscos para a unidade dos domínios espanhóis em um momento no qual estes se viam privados de seu centro natural de coesão.

Em Cuba, o impacto dos acontecimentos de 1808 seguia alguns padrões típicos de outros territórios espanhóis
. Mas ao contrário do que ocorreria em quase toda parte, suas elites dirigentes conseguiram estabelecer um consenso especialmente forte em torno da idéia de que o que estava em risco não era apenas a unidade da monarquia, mas também seus interesses materiais (aliás, muito bem-colocados por Arango y Parreño). Nesse ponto, vale destacar que Cuba era a mais escravista de todas as sociedades hispano-americanas daquela época, de modo que o receio de que ali ocorressem cenas como as que poucos anos antes tinham ocorrido em Saint-Domingue certamente ajudou as elites locais a se dar as mãos. Por isso, Cuba sofreria solavancos inevitáveis com a crise de 1808, mas continuaria a ser colônia por um bom tempo.

Enquanto esse consenso ia sendo construído, alguns abastados naturais da ilha se tornavam ativos colaboradores de Napoleão na Europa, engrossando as fileiras dos "afrancesados" – isto é, espanhóis que apoiaram e colaboraram com o Império Francês. Gonzalo O'Farrill y Herrera foi nomeado ministro da guerra de Fernando VII logo após a sua aclamação, permanecendo no cargo até 7 de julho 1808, quando então se tornou ministro de José Bonaparte (o seria até 1813). Seu primo, Sebastián Calvo de la Puerta y O'Farril, Marquês de Casa Calvo, foi à França em outubro de 1808 para colaborar com Napoleão, e a sobrinha de Gonzalo, Teresa Montalvo y O'Farril, se tornou amante de José Bonaparte. Todos deixaram em Cuba terras que, em virtude da filiação política de seus proprietários, acabaram confiscadas pelo governo a partir de 1809, quando um forte sentimento patriótico antifrancês tomou conta da ilha, resultando na perseguição e expulsão de todos os franceses nela residentes.

Os franceses veriam-se em apuros também em outra colônia do Caribe, Santo Domingo, localizada na porção leste da ilha de Hispaniola (que atualmente compreende a República Dominicana e o Haiti). Com importância econômica menor do que Cuba, Santo Domingo também estava em uma região politicamente estratégica, estando igualmente sujeita às turbulências advindas das guerras européias.

Em 1777, Espanha e França acordaram uma partilha formal da ilha Hispaniola, onde ambas tinham colônias. De acordo com o tratado, a porção leste ficaria com a primeira (Santo Domingo) e a oeste com a segunda (Saint-Domingue). Pouco depois do início do levante de escravos em Saint-Domingue francesa, a Espanha cedeu Santo Domingo à França (1795). Assim, rapidamente ela se tornaria, na própria ilha, um refúgio para os franceses perseguidos pelo levante. No entanto, não seria um refúgio tranqüilo. O tratado de 1795 não foi plenamente cumprido, e, embora a parte leste da Hispaniola fosse agora majoritariamente francesa, muitos espanhóis continuaram residindo nela, estabelecendo uma convivência que estaria sujeita aos humores da política européia. Além disso, em 1801, a região foi invadida por um exército comandado por Toussaint L'Ouverture, proveniente da porção oeste, e que expulsou franceses e espanhóis, declarou a independência, fez reunir uma assembléia e até mesmo promulgou uma Constituição para toda ilha. Mas em dezembro daquele ano, a Hispaniola foi invadida pela armada francesa comandada por Leclerc, a mando de Napoleão, cujo fracasso na parte oeste fortaleceria a iniciativa de criação, pouco depois, da República do Haiti (1º de janeiro de 1804), mas cuja vitória na parte leste, possibilitada pelo auxílio de uma armada franco-espanhola comandada pelo general Ferrand, restabeleceu a colônia.

Quando lá começaram a chegar as notícias dos acontecimentos da Espanha em 1808, as incompatibilidades entre a administração francesa e os espanhóis que nela ainda habitavam viriam à tona. Desde 31 de dezembro de 1807, a colônia vizinha de Porto Rico tinha um periódico, a *Gazeta de Puerto Rico*, que trazia também aos habitantes de São Domingo um caldo de informações e reflexões sobre o que ocorria no mundo ocidental. Em 1808, um movimento patriótico antifrancês comandado por Juan Sánchez Ramírez tomou corpo e, com o auxílio de Porto Rico e também da República do Haiti, combateram o governo francês entre agosto e novembro. Ferrand foi derrotado na decisiva batalha de Palohincado, em 7 de novembro, e suicidou-se. Seu sucessor, o general Dubarquier, tentou prosseguir com a luta até ser definitivamente derrotado em julho de 1809, quando então teve início um governo espanhol leal a Fernando VII. Assim, o ano de 1808, de grave crise para a monarquia espanhola, conheceu uma importante reação em sua defesa em Santo Domingo, onde ocorreu o fim definitivo da dominação francesa na ilha de Hispaniola e o reforço da unidade monárquica.

Mais ao sul e novamente no continente, o Vice-Reino de Nova Granada foi criado em três ocasiões ao longo do século XVIII: 1717, 1739 e, em caráter definitivo, em 1776. Desde então, várias acomodações territoriais foram dando seus limites e jurisdições, sobretudo em relação à vizinha Capitania da Venezuela. Sediado em Santa Fé de Bogotá, Nova Granada tinha, em 1800, uma população que girava em torno de 1 milhão e 200 mil habitantes, além de uns 500 mil em Quito e regiões adjacentes. Essa população toda apresentava diversos perfis sociais e ocupava paisagens geográficas bastante variadas, estando sua economia assentada principalmente na exploração de minerais, inclusive ouro, embora contasse também com gêneros agrícolas e manufaturas.

As primeiras notícias dos acontecimentos da Espanha, relativas ao motim de Aranjuez, chegaram a Nova Granada em junho de 1808, primeiro na portuária Cartagena, logo em Bogotá e outras partes. Em julho vieram as novas das abdicações de Baiona. Em termos gerais, o vice-rei Antonio Amar y Borbón tomava medidas favoráveis ao reconhecimento de Fernando VII, mas também ao reconhecimento das autoridades peninsulares. Em 6 de agosto chegou a Cartagena um enviado da junta regional de Sevilha, Juan José de Sanllorente, que no começo do mês seguinte estava em Bogotá. Diante dessas circunstâncias, Amar convocou uma junta de "notáveis", a partir da qual posições divergentes começaram a se manifestar, em espaços de debates cada vez mais politizados e, seguindo a tendência geral, onde cada vez mais o realismo e a lealdade a Fernando VII e à monarquia espanhola se veriam reforçados.

Também em Nova Granada havia uma experiência anterior de amparo de debates em periódicos. O primeiro foi o *Papel Periódico de la Ciudad de Santafé de Bogotá*, que circulou entre 1791 e 1796. Em 1801, foi a vez do *Correo Curioso, Económico y Mercantil de la Ciudad de Santafé de Bogotá*, e, em 1808, o importante *Semanario del Nuevo Reyno de Granada*, tendo Francisco José de Caldas como seu primeiro redator. Também há que se lembrar que, embora contestações aos governos hispânicos fossem comuns por toda a parte entre os séculos XV e XVIII, algumas delas tinham sido mais virulentas e traumáticas, de modo que sua memória poderia adentrar com mais força na cena pública que se adensava em 1808.

É o caso de Nova Granada e do movimento dos "comuneros" nas províncias de Socorro e San Gil em 1781. Contando com um considerável espectro social, majoritariamente de *criollos*, a revolta tinha como base queixas contra excessivas cobranças de tributos em Nova Granada, e permanecia viva na memória daqueles que, em 1808, se viam num ambiente de agitação política.

Como ocorria por toda parte, em Nova Granada a tendência prevalente em meio ao vazio de poder real era de as tradicionais lealdades serem reforçadas. Temos um exemplo eloqüente disso quando, em 19 janeiro de 1809, o vice-rei Amar y Borbón mandou celebrar, na catedral de Bogotá, uma missa de ação de graças pela instalação da Junta Suprema na Espanha (isto é, a de Aranjuez). Na ocasião, o padre José Domingo Duquesne pronunciou uma oração onde lemos uma clara e forte articulação entre realismo e religião, forma típica de defesa discursiva da unidade da monarquia espanhola e de combate a Napoleão e ao Império Francês:

> Sendo o desígnio o de uma Monarquia universal em que, abolindo-se Leis, usos e costumes, se estabelecesse um novo Código de impiedade e de abominação para entregar o homem ao império das paixões, e sujeitar a uma razão débil e obscurecida os invioláveis direitos da fé de nosso Senhor Jesus Cristo, não podia excetuar uma Monarquia que abraça dos Mundos, que compreende dois hemisférios e sobre a qual o Sol jamais esconde seus raios, tendo a glória de verificar em seus imensos recintos a profecia de Malaquias, oferecendo ao Senhor, em todo lugar e em toda hora, o adorável sacrifício sobre nossos altares. (citado por Thibaud & Calderón: 2006, p. 381).

Em Quito, a recepção das notícias peninsulares criou uma situação ainda mais delicada. Ao longo do ano, vários membros influentes da sociedade local, em sua maioria *criollos* (José Luis Riofrío, Juan Salinas, Juan de Dios Morales, Manuel Rodríguez de Quiroga, Nicolás de la Peña, Juan Pablo Arenas, Francisco Xavier Ascázubi) reuniam-se na casa de uma proeminente figura, o Marquês de Selva Alegre, e, em meio a discussões políticas, tentaram organizar uma junta de governo. Seus planos ruíram em 25 de dezembro, quando foram presos, acusados de conspirarem contra o governo local. A repressão a uma movimentação desse tipo seguia padrões comuns a outras partes da América espanhola, onde por um lado o vazio de poder levava a uma interpretação do princípio da retroversão da soberania aos povos, em nome do rei, e, por outro, a criação de qualquer instância de governo era considerada perigosa, subversiva e revolucionária.

Em fevereiro de 1809, quando os implicados no movimento de 1808 estavam sendo investigados, um deles, Rodríguez de Quiroga, escreveu em sua defesa que não havia motivos para serem considerados conspiradores. "A alma" que, segundo ele, teria inspirado suas ações, seria a mesma de "toda a América": "constância e fidelidade até o último extremo ao senhor D. Fernando VII"; e se, "por desgraça este não está presente e não há sucessor legítimo", todos desejavam apenas "independência da América, qualquer que seja o seu governo" (isto é, a libertação da América de um eventual domínio francês). Assim, perguntava: "a quem, pois, se ofende com isso?" (citado por Quintero: 2002, p. 82)).

Nessas palavras, vê-se bem os fortes princípios realistas que inspiravam os juntistas de Quito em 1808, embora sua prática pudesse ser tida, naquele momento, como contrária a esses mesmos princípios. Também ali essa fundamental contradição marcava um ambiente de efervescência política. Em 1809, vários dos implicados presos foram logo postos em liberdade, e, meses mais tarde, muitos estavam novamente envolvidos com a criação de uma junta de governo, que, dessa vez, foi bem-sucedida.

Outra importante região da América espanhola era a Venezuela, uma capitania fortemente agrícola onde o principal gênero era o cacau, cultivado em grandes propriedades. Dados referentes ao ano de 1807 apresentavam uma população total de 976 mil habitantes, dos quais 436 mil mestiços, 282 mil índios, 180 mil *criollos*, 58 mil escravos (concentrados nas províncias de Caracas, Coro e Carabobo) e apenas 20 mil espanhóis peninsulares. Ali, as notícias da Espanha de 1808 começaram a chegar muito rapidamente, talvez antes do que em qualquer outra parte da América espanhola. Já em 9 de maio, os habitantes da capital, Caracas, ficaram sabendo da queda de Godoy e da abdicação de Carlos IV em favor de Fernando VII, o que motivou festejos. No dia 15 de julho, os fatos foram confirmados, mas, um dia depois, com a chegada de dois emissários franceses enviados por Napoleão, seus habitantes receberam as notícias das abdicações de Baiona e da ascensão de José Bonaparte; no mesmo dia 16, chegaram também emissários britânicos, que espalharam a nova do levante de Madri e da generalizada resistência peninsular ao novo rei.

Imediatamente, virulentas manifestações públicas antifrancesas e pró-Fernando VII eclodiram em Caracas, e no dia 17 de julho o capitão general Juan de Casas convocou uma reunião com autoridades e "notáveis" da capitania para decidirem o que fazer. A decisão foi por não reconhecerem as abdicações de Baiona e se esforçarem por manter a ordem do jeito que estava, para, nos termos da ata da reunião, "conservar a tranqüilidade deste povo e dos demais das províncias cuja efervescência propagada e acalorada reciprocamente traria, sem dúvida, uma desordem geral, de que resultaria necessariamente a anarquia e as perniciosas conseqüências que a ela sempre vão unidas" (citado por Quintero: 2002, p. 74).

O acordo não trouxe, porém, tranqüilidade. Pouco depois, começaram a circular rumores de que se tramava uma conspiração para assassinar autoridades e outros espanhóis peninsulares em Caracas; três dos supostos conspiradores, Manuel Matos, Diego Melo Muñoz e Ignacio Manrique foram presos, mas, diante da falta de provas, soltos em poucos meses. Enquanto isso, Juan de Casas tomava providências para a formação de uma junta de

150   A CORTE E O MUNDO

governo na capital, de acordo com uma proposta elaborada pelo *ayuntamiento* e aprovada por seus representantes em 29 de julho de 1808. No entanto, nesses mesmos dias chegou a Caracas um enviado da junta regional de Sevilha, José Meléndez Bruna, pedindo reconhecimento da mesma por parte das autoridades locais.

Diante dessa nova circunstância, de Casas decidiu suspender a criação da junta local, fazendo com que o *ayuntamiento* e a Real Audiência reconhecessem a de Sevilha. Aí começaram fortes oposições. O projeto da junta de Caracas seria, doravante, sustentado por um grupo de pessoas influentes e poderosas da sociedade da Venezuela, em geral comerciantes, grandes proprietários e militares, agregados em torno de Antonio Fernández de León, Francisco Rodríguez del Toro e o conde de Tovar. Todos eram fortemente realistas, apregoando a formação de um governo local em nome de Fernando VII. Suas articulações logo se tornaram conhecidas em Caracas, suas reuniões não eram secretas e apresentavam divergências internas; mesmo assim, foram suficientes para despertar o alarme do capitão general, que passou a investigá-las. No dia 24 de novembro de 1808, um documento programático desse grupo, datado de 22 de novembro, chegou às suas mãos, fazendo-o proceder à prisão de todos os envolvidos que puderam ser pegos naquela mesma noite.

Na historiografia, o movimento ficaria conhecido como "Conjura dos Mantuanos"; no entanto, conforme esclarece a historiadora Inês Quintero, trata-se de uma designação equivocada: por um lado, não se tratou exatamente de uma "conjura", pois não foi um movimento nem conspirativo nem secreto; por outro, não esteve restrito aos "mantuanos", isto é, aos *criollos* caraquenhos cujas esposas usavam mantos como signo de distinção social, já que vários dos envolvidos eram espanhóis peninsulares. Na sua síntese, seu objetivo era "nem mais nem menos, deixar acertado e por escrito a disposição dos principais habitantes da província de defender o legítimo Rei da Espanha, Fernando VII, contra a usurpação napoleônica, tal como tinham feito as províncias da Espanha e como tentaram fazer os notáveis e patrícios da maioria das capitais do ultramar" (Quintero: 2002, p. 220).

Mas os acontecimentos da Venezuela tinham ainda um tempero especial, por conta da atuação política de Francisco de Miranda, um militar caraquenho que depois de 1810 teria papel destacado nas guerras de *criollos* contra a Espanha, e que em 1808 já vinha tentando articular na Europa e nos Estados Unidos a independência de partes da América espanhola. Um mês antes de ordenar a prisão dos juntistas em Caracas, Juan de Casas recebera, no dia 24 de outubro, uma carta de Miranda destinada ao *ayuntamiento* de Caracas, datada de Londres em 20 de julho, na qual criticava as juntas da Espanha peninsular, sugeria-lhe que tomasse conta do governo da Venezuela e enviasse representantes à Grã-Bretanha – interessada na abertura dos mercados hispano-americanos ao seu comércio em retração – pedindo seu reconhecimento. As circunstâncias pareciam-lhe propícias a uma troca de governo e a subversão da ordem política vigente, o que causava horror em homens como de Casas. Miranda escreveu:

> Suplico a V. S. que, reunindo-se em um corpo municipal representativo, tomem para si o Governo dessa Província, e que enviando sem demora a esta capital pessoas autorizadas e capazes de manejar assuntos de tanta importância, vejamos com este governo [de Londres] o que convenha ser feito para a segurança e sorte futura do Novo Mundo; de nenhum modo convém se precipitem V. S. por conselho de partes interessadas em resoluções hostis, ou alianças ofensivas que possam trazer tratos tão funestos para nossa Pátria, como os *senhores espanhóis* trouxeram à minha, sem haverem nos consultado ou oferecido a menor vantagem em seus projetos vãos e insensatos com as demais potências da Europa. O certo é que os objetivos ou interesses das Juntas atuais de Oviedo, Sevilha, Madri etc., tem muito pouca compatibilidade com os interesses e autoridade de nossas Províncias da América. (Miranda: 1959, p. 100-101).

A proposta de Miranda não foi levada adiante, mas seu diagnóstico de que havia interesses divergentes entre a Espanha e a América logo encontraria respaldo em opiniões políticas que, em 1808, apenas começavam a entrar em ebulição na Venezuela. Para tanto, contribuiria a criação de um jornal, a *Gazeta de Caracas*, que começaria a circular no mesmo dia 24 de outubro em que de Casas lia a carta de Miranda. Seu primeiro redator, Andrés Bello, desempenharia papel destacado no crescimento e adensamento dos espaços públicos de discussão política em toda a América espanhola, um movimento que ele próprio detectava com muita precisão logo no primeiro número do jornal, quando louvava a resistência antifrancesa da Espanha:

> Na época que acaba de passar, cheia de sucessos gloriosos à Espanha e satisfatórios a todos os que amam a nação e a humanidade, foi assombroso o número de papéis públicos de nossa Península, que, pela eloqüência verdadeiramente patriótica que os ditou e pela importância dos fatos a que são concernentes, merecem ser repetidas vezes lidos e conservados [...]. Poucos haverá, sem dúvida, que não tenham lido a maior parte deles; mas serão muitos os que desejam possuir uma coleção tão interessante, e não há meio mais cômodo para satisfazer seus desejos como o de apresentá-los por partes na gazeta. (*Gazeta de Caracas*, v.I, tomo I, 24/10/1808).

Esses espaços públicos seriam muito importantes também no Vice-Reino do Peru, que dividira com o de Nova Espanha a condição de principal unidade administrativa do Império Espanhol até a criação, em 1776, do Vice-Reino do Rio da Prata. Além de oficializar a relevância que adquirira o eixo comercial colonial pelos portos de Buenos Aires e Montevidéu, a medida arrancou do Peru o controle direto sobre a exploração das ricas minas de prata de Potosí que, descobertas em 1545, continuariam a dar lucros à Espanha até o começo do século XIX. Em 1800, a população do Peru seria de pouco mais de 1 milhão de habitantes, sendo 580 mil índios, 220 mil mestiços, 130 mil espanhóis peninsulares e *criollos*, 40 mil escravos e 40 mil negros livres. Assim, o Peru tinha uma fortíssima presença de populações indígenas, o que ajudava a guardar na memória de peninsulares e *criollos* as grandes rebeliões de Tupac Amaru e Tupac Catari, ocorridas entre 1780 e 1783. Essas camadas temerosas compunham uma minoria aristocrática, assentada em uma tradição de ocupação de importantes cargos na administração imperial. Esses fatores ajudam a explicar, em parte, o intenso realismo que fará do Peru o grande bastião realista da América espanhola durante os processos de independência abertos em 1810, foco de organização das forças contrárias à revolução.

Há que se considerar, também, que não obstante sua impor-tância, o Peru era possivelmente a unidade político-administrativa americana mais afastada da metrópole: em função de sua posição geográfica, suas comunicações mais freqüentes eram com os portos de Nova Espanha e Chile no Pacífico, e com o Rio da Prata via os caminhos fluviais que ligavam Buenos Aires à região mineradora. Embora o Peru já contasse com imprensa e jornais, as notícias lá chegavam com um atraso de um ou dois meses em relação a praticamente todas as outras capitais e principais portos da América espanhola, onde sempre faziam uma escala antes de chegar ao Peru.

O motim de Aranjuez foi conhecido em Lima somente em agosto de 1808, com as notícias a ele referentes publicadas por um periódico local, a *Minerva Peruana*. Assim, enquanto em ou-tras partes da América havia insegurança e já pipocava a rejeição aos franceses, Lima estava em festa, crendo que Napoleão estava contribuindo para a melhoria da monarquia espanhola, derru-bando Godoy e possibilitando a ascensão de Fernando VII. Foi em outubro que as notícias se tornaram dramáticas, dando conta da queda de Fernando e da ascensão de José Bonaparte.

Em dezembro de 1808, de uma fragata proveniente de Valparaíso, no Chile, chegaram notícias de que todo o exército francês tinha sido derrotado na Espanha (falsa), e que José Bonaparte fugira de Madri (verdadeira). Novamente houve grandes festejos, e uma edição extraordinária da *Minerva Peruana* anunciou a nova como um grande triunfo. Foi somente em 20 de maio de 1809 que a *Minerva* noticiou a capitulação de Madri frente às forças francesas, mas em 30 de setembro, novamente, noticiou um suposto grande e definitivo triunfo contra os franceses, logo desmentido pelo conhecimento de que Sevilha estava tomada. Por mais que se esforçassem, os editores da *Minerva Peruana*, assim como as autoridades imperiais – governava o Peru o vice-rei José Fernando de Abascal y Sousa – não conseguiam acompanhar o ritmo dos acontecimentos europeus; e embora houvesse um empenho em destacar as notícias favoráveis à manutenção da lealdade dos espanhóis para com seu rei, o ambiente no Peru se tornava, a exemplo do que ocorria no restante do mundo hispânico, propenso a debates políticos, polêmicas e divergências em relação ao futuro.

Um indicativo significativo desse movimento foi o grande crescimento das publicações surgidas em Lima, a partir de 1808, voltadas para assuntos políticos e que, segundo o historiador Victor Peralta Ruiz, chegaram a igualar as de caráter religioso, tradicionalmente dominantes. Segundo sua análise, o vice-rei Abascal, frente à profunda instabilidade causada pelo cruzamento de notícias confusas e contraditórias, decidiu agir. "Diante dessa circunstância extraordinária", escreveu Peralta Ruiz, "o vice-rei optou por priorizar o cultivo da esfera pública. Valendo-se da infra-estrutura cultural existente na capital, como a imprensa, o teatro, os cafés, as tertúlias ou as corridas de touros, estimulou na elite peruana a prática de um discurso político de fidelidade, identificado com o amor ao soberano cativo e com o reconhecimento inquestionável da monarquia católica" (Peralta Ruiz: 2002, p. 180). Assim, também no Peru ocorreu uma forte mobilização realista em defesa da monarquia espanhola e de seus valores.

Mais ao sul estava o Chile, desmembrado do Peru em 1778 para formar uma capitania, consolidada com a autonomia administrativa concedida pela Coroa espanhola em 1798. Em 1800, sua população gravitava em torno de 800 mil habitantes, sendo 400 mil mestiços, 100 mil índios, 20 mil espanhóis peninsulares e *criollos*, mesmo número de mulatos e negros; destes, uns 5 mil seriam escravos. A despeito de uma intensa atividade mercantil, sua economia era fraca em comparação com outras unidades administrativas imperiais, baseada principalmente em produtos agrícolas comercializados com o Peru e também em algum cobre que seguia para o Rio da Prata.

Da mesma forma que no Peru, as notícias do motim de Aranjuez chegaram ao Chile somente em agosto de 1808, junto com rumores acerca das verdadeiras intenções de Napoleão na Espanha, que até então não eram bem conhecidas. As confirmações dos temores vieram em setembro, com as notícias das abdicações de Baiona e do levante antifrancês na Espanha. Em sessão de 19 de setembro de 1808, o *ayuntamiento* da capital, Santiago, tomou medidas de precaução diante dos acontecimentos espanhóis. Uma proclamação, tirada nessa ocasião, afirmava que "a lealdade dos habitantes do Chile em nada degenera[va] a de seus pais" que, no passado, "à custa de seu heróico sangue", teriam tirado o Chile "do estado de barbárie em que se achava, e unindo-o ao Império Espanhol, civilizaram-no, povoaram-no e fizeram-no religioso". Concluía, então: "só queremos ser espanhóis e o governo de nosso incomparável rei" (citado por Collier: 1967, p. 50).

Governava o Chile o capitão-general Francisco Antonio García Carrasco, desde sempre muito impopular. Além de se ver obrigado a enfrentar a instabilidade propiciada pelas notícias dos acontecimentos europeus, em 1808 García Carrasco passaria por outro episódio tenso. Muitos *criollos* do Chile estavam ligados a atividades comerciais, inclusive as de contrabando, que corriam soltas e que faziam dos contrabandistas pessoas influentes e poderosas. Em outubro de 1808, o *Scorpion*, um barco comercial de propriedade de mercadores de Londres e que praticava contrabando em portos do Chile, foi atacado por ordens do governador García Carrasco, sendo morto seu capitão, Tristam Bunker. O episódio causou revolta e protesto, aumentando as resistências ao governo local.

Em novembro de 1808 começaram a correr por Santiago fortes rumores de que se tramava o estabelecimento de uma junta de governo, e que em alguns casos se cogitava até o rompimento com a Espanha. Algumas figuras públicas, como Ignácio Torres, falavam de dez ou mais "agitadores" e "traidores", que supostamente queriam derrubar a causa da Espanha no Chile. Outro denunciante, Juan José Jiménez de Guerra, escreveu uma carta à Suprema Junta da Espanha em 9 de novembro de 1808, afirmando que alguns "traidores" estariam difundindo idéias de independência e insubordinação, que o *ayuntamiento* de Santiago estaria difundindo idéias dúbias para os outros da capitania e até mesmo para o de Buenos Aires, e fazia uma advertência, na qual percebe-se que o alto número de índios existentes no Chile, bem como sua proximidade com o Peru, causava receios bastante típicos dessa época:

> A confiança de que a generosidade que nosso espírito nos inspira tem sido freqüentemente – e é talvez ainda maior hoje – a causa das tragédias que deploramos; e é essa confiança que está dissuadindo esta Capital de coibir difamadores malévolos com punições exemplares, sob o vão pretexto de que isso não é nada, eles são apenas faladores, eles são incapazes de concretizar suas idéias. Não custa lembrar que, com razões similares e uma infundada confiança, as advertências vindas do Peru foram ignoradas antes de 1779. O que aconteceu, então, foi que Tupac Amaru causou grandes desastres que poderiam ter sido prevenidos se a ajuda necessária de início tivesse sido enviada mais rápido. (citado por Collier: 1967, p. 77).

Mas a despeito de tudo, na América espanhola, a ruptura com a ordem vigente não ocorreria em 1808, quando o vazio de poder real promovia, de imediato, um fortalecimento dos sentimentos de lealdade para com o monarca impedido, e de rejeição a qualquer coisa que parecesse subversiva ou revolucionária. No entanto, uma coisa era inegável: nunca a monarquia estivera tão debilitada. Embora isso se devesse à ação de uma força política considerada invasora, usurpadora e, em todos os sentidos, malévola, os tempos vividos em 1808 começavam a mostrar que isso era possível, e que no futuro poder-se-ia conceber uma América sem a Espanha.

Cabe, por fim, destacar que foi esse ambiente político, militantemente conservador e realista, que a Corte portuguesa encontrou como vizinhança quando se instalou em sua nova sede. E embora das fronteiras de seus domínios viessem sempre avisos e advertências a serem considerados, de lá também emanavam expectativas positivas de que a América se convertesse, definitivamente, em um anteparo aos ventos revolucionários emanados da Europa, e que já há algum tempo refrescavam o Novo Continente.

O encontro dos impérios ibéricos: o Rio da Prata

O Rio da Prata merece um tratamento à parte porque ali, mais do que em qualquer outra parte da América espanhola, os acontecimentos de 1808 possuem ligação direta com a transferência da Corte portuguesa para o Rio de Janeiro. Antes de chegarem as notícias da Espanha, as novas de que aquela cidade se transformara em sede do Império Português aportaram em Montevidéu e em Buenos Aires, onde causaram forte impacto, mobilizando autoridades, negociantes e gente envolvida na política de modo geral.

Quando foi criado em 1776, o Vice-Reino do Rio da Prata tinha pouco menos de 170 mil habitantes (excluindo o Alto Peru); 30 anos depois, sua população certamente mais que dobrara. Só Buenos Aires contava com 42 mil habitantes, sendo a cidade mais populosa; a província do Paraguai deveria somar algo em torno de 120 mil (dos quais 50 mil mestiços, 40 mil índios "assentados", 20 mil índios nômades, 10 mil pardos e negros escravos, e apenas

200 espanhóis peninsulares). As províncias do Alto Peru, contadas à parte e densamente povoadas, somavam cerca de 600 mil, com forte presença de mestiços e índios.

A importância econômica do Rio da Prata foi crescendo ao longo dos séculos XVI, XVII e XVIII. Sua produção estava voltada majoritariamente para a pecuária e derivados, mas com a criação do Vice-Reino a economia do Rio da Prata passou a contar também com a exploração aurífera do Alto Peru, tirando proveito de uma rota comercial há tempos utilizada, e que era responsável por conectar o interior da América meridional com os circuitos da economia mundial. Na segunda metade do século XVIII, com a progressiva derrubada dos monopólios espanhóis, os dois principais portos do Vice-Reino, Buenos Aires e Montevidéu (principalmente este), passaram a realizar também comércio de longa distância com Lisboa, Porto, Boston, Baltimore, Cuba, Chile e Peru. Além, é claro, da América portuguesa.

Já no século XVII, a fundação portuguesa da Colônia do Sacramento (1680), na embocadura do rio da Prata e distante poucos quilômetros de Buenos Aires, estabelecera um ponto de discórdia entre os impérios espanhol e português, mas de franco contato entre seus colonos. Desde então os fluxos comerciais, legais e ilegais, entre as Américas espanhola e portuguesa se desenvolveram progressivamente, de modo a permitir que, no começo do século XIX, o negociante inglês John Luccock falasse de uma época em que "até os gêneros que passavam de um para outro porto do próprio rio [da Prata], Buenos Aires e Montevidéu, eram transportados via Rio de Janeiro" (Luccock: 1975, p. 393).

A invasão francesa da Península Ibérica em 1807 criou condições especialmente favoráveis ao incremento desses fluxos, levando à abertura dos portos luso-americanos ao comércio mundial (28 de janeiro de 1808) e também à redução de tarifas aduaneiras para mercadorias procedentes do Brasil no porto de Buenos Aires (13 de julho de 1808). Ao Prata chegavam embarcações – portuguesas ou não – procedentes do Rio Grande, Santa Catarina, Santos, Parati,

Rio de Janeiro, Bahia e Recife, carregadas de algodão, açúcar, café, aguardente, madeira, material para a construção de barcos, farinha de mandioca, tabaco, índigo, erva-mate e arroz, além de escravos africanos e ouro contrabandeado das Minas Gerais; no contra-fluxo, iam para a América portuguesa carne, couro, farinha de trigo, animais e peles, além de prata contrabandeada. Por terra, caminhos já ligavam, no século XVIII, o rio da Prata e a banda oriental (atual Uruguai) ao Rio Grande de São Pedro, São Paulo, Rio de Janeiro, Minas Gerais e Mato Grosso. Os fluxos aumentaram com as iniciativas de D. João, já instalado no Rio de Janeiro, de facilitar a chegada à Corte de gêneros de abastecimento.

De toda essa rede que, por meio do comércio, interligava até mesmo as regiões de mais difícil acesso no interior do continente americano com os portos do rio da Prata, surgiam também fluxos de boatos, informações, livros, jornais e panfletos, o que tornava o Vice-Reino do Rio da Prata o ponto de encontro por excelência dos impérios ibéricos na América. Contribuiria para tanto a criação dos primeiros periódicos do Rio da Prata: o *Telégrafo Mercantil, Rural, Político, Económico y Historiográfico del Río de la Plata* (1801-1802) e o *Semanario de Agricultura, Industria y Comercio* (1802-1807), ambos em Buenos Aires; e o bilingüe *The Southern Star o La Estrella del Sur* (1807), este por iniciativa britânica durante sua ocupação de Montevidéu.

Em 1808 governava em Buenos Aires o vice-rei Santiago de Liniers. Desde o início, seu governo foi tenso, apoiado pela plebe urbana mas visto com desconfiança pelo *ayuntamiento*, que agregava sobretudo espanhóis peninsulares. Em fevereiro de 1808, um informante do *ayuntamiento* de Montevidéu, Luis Larrobla, informou-lhe que no dia 14 daquele mês "ainda não tinha chegado o Príncipe Regente ao Rio", tendo entrado "na Bahia de Todos Santos com dois Navios Portugueses juntamente com a Princesa Carlota". No mesmo informe, passava adiante um boato muito sugestivo: assim que D. João desembarcou na Bahia, afirmava Larrobla, "o Povo o apelidou Imperador de toda a América do Sul", ao que o príncipe "respondeu que seria o que eles quisessem"; e concluía: "a opinião comum é que dito Príncipe passará cartas à América Espanhola do Sul para intitular-se Imperador de toda ela" (*Política lusitana*, I, p. 7-8). Finalmente em 2 de março, o *ayuntamiento* de Montevidéu informava o de Buenos Aires sobre a chegada da Corte portuguesa ao Brasil, "com o desejo [...] de saber em detalhes destas novidades e de quantas ocorressem naquela banda sobre o estado desta nação [a portuguesa] com a nossa, pelos receios que tal ocorrência causava" (*Política lusitana* I, p. 5-6).

Com a confirmação dessa notícia, e tendo em mente o boato de que na Bahia D. João fora aclamado Imperador da América do Sul, o *ayuntamiento* de Buenos Aires recebeu, em 27 de abril de 1808, a oferta de "proteção" contra os franceses, feita pelo ministro de D. João, D. Rodrigo de Sousa Coutinho, e que, conforme vimos no capítulo 2, era também uma intimação. No dia seguinte, o vice-rei Liniers tomou várias providências, inclusive comunicando o fato a autoridades do Peru, Alto Peru e Chile, deixando-as de sobreaviso e pedindo-lhes o apoio necessário para a defesa do Rio da Prata. Ao mesmo tempo, o governo do Rio de Janeiro encarregou o brigadeiro Joaquim Xavier Curado de uma missão especial a Montevidéu e Buenos Aires. Segundo suas instruções, lavradas em 15 de março, Curado deveria negociar a continuação do comércio entre aqueles portos e os luso-americanos, e também "tentar os Governadores para o fim de unir aqueles Países ao Real Domínio, o que seria muito feliz, pois evitaria toda ulterior contenda" (Azevedo: 1946, p. 174); por fim, Curado deveria sondar o estado de ânimo dos habitantes do Rio da Prata em relação a esse projeto. Curado chegou a Montevidéu, mas em Buenos Aires sequer foi recebido pelas autoridades locais.

As notícias dos acontecimentos da Espanha de 1808 começaram a chegar a Buenos Aires em julho. Em 13 de agosto desembarcou na capital do Vice-Reino um agente de Napoleão, o marquês de Sassenay, trazendo as notícias das abdicações de Baiona, que foram dadas ao conhecimento público dois dias depois. Em 23 de agosto foi a vez de um enviado da junta regional de Sevilha, José Goyeneche, informando da resistência espanhola. Em 11 de novembro, Goyeneche se encontrava em Charcas, no Alto Peru. E assim, também no Rio da Prata, uma pluralidade de projetos e alternativas explodia.

Um deles foi justamente a tentativa de fazer reconhecer D. Carlota Joaquina, esposa de D. João e irmã de Fernando VII, como soberana da América espanhola, tratado no capítulo 2. Em quase toda a parte, o projeto foi rechaçado por autoridades que, conforme vimos acima, se mantinham zelosas na tarefa de tentar conservar a ordem legitimista, buscando evitar grandes alterações na estrutura de poderes do Império Espanhol.

Em Buenos Aires, porém, a coisa foi diferente. Lá, o projeto foi dado a conhecer oficialmente por duas frentes: por uma correspondência de D. Rodrigo Coutinho ao *ayuntamiento* de 24 de agosto de 1808, e por outra de D. Carlota a Liniers, de 27 de agosto. No dia 13 de setembro, vice-rei e *ayuntamiento* acusaram o recebimento dos documentos e, em idêntico teor, recusaram adesão ao projeto, reafirmando lealdade a Fernando VII. No entanto, havia um grupo disposto a levá-lo adiante: agrupava ricos comerciantes que tinham negócios com portos da América portuguesa, e que cada vez mais viam a abertura de possibilidades para que atuassem também politicamente, em defesa de seus interesses. Vários deles (Juan José Castelli, Saturnino Rodríguez Peña, Nicolas Rodríguez Peña, Hipólito Vieytes, Antonio Beiruti e, o mais importante de todos, Manuel Belgrano) teriam, inclusive, destacada atuação nos acontecimentos que, dois anos depois, dariam início ao processo de independência no Vice-Reino do Rio da Prata.

Retomando algo já dito no capítulo 2, o carlotismo não foi para frente basicamente pela dificuldade de, em 1808, qualquer projeto político que implicasse grande novidade ser ampla e consensualmente aceito, num contexto fortemente conservador. Um conservadorismo que era resposta à realidade revolucionária vivida por todos, mas por nem todos aceita.

Em meio a esse ambiente, o desde sempre debilitado Liniers era acusado de todo tipo de coisa: de colaborar com os propósitos dominadores da Corte do Rio de Janeiro, de apoiar a Grã-Bretanha (que além de aliada do Rio de Janeiro tinha, há pouco tempo, tentado conquistar Montevidéu e Buenos Aires), de ser descendente de franceses e, portanto, de ter filiações políticas e ideológicas com Bonaparte...

Essa situação tinha a ver também com um conflito de poderes que envolvia o outro lado do rio. Na noite de 20 para 21 de setembro de 1808, uma série de tumultos ocorreram em Montevidéu por conta da chegada à cidade de uma ordem para a demissão do governador local Francisco Xavier de Elío, opositor do vice-rei Liniers. Nas ruas de Montevidéu, foi afixada uma convocação para uma reunião extraordinária, que deveria contar com a presença de autoridades e habitantes proeminentes. Nela, liam-se os dizeres:

> Habitantes de Montevidéu: no Cabildo que há de se reunir hoje às dez, tenham presente que nosso Rei Fernando está preso na França. Que é um francês suspeito quem governa o Vice-Reino. Que este quer nos tirar Elío, o melhor e mais leal espanhol que conhecemos; que quer pôr em seu lugar um partidário francês, e assim em nossa união, que será na Praça, digam todos "'Viva Elío" (citado por Frega: 1997, p. 284).

Naquela noite, a reunião acabou por decidir apoiar Elío e não reconhecer mais a autoridade de Liniers, cuja demissão já tinha sido exigida duas semanas antes. Foi então que em Montevidéu criou-se uma junta de governo em nome de Fernando VII, presidida por Elío e inteiramente formada por espanhóis peninsulares. Essa junta seria, doravante, foco permanente de tensão entre os governos de Montevidéu e Buenos Aires, que jamais voltariam a se entender, polarizando projetos distintos em meio ao processo de independência que teria início dois anos depois, e sempre envolvendo também a Corte do Rio de Janeiro.

Outro movimento de contestação aberta à autoridade do vice-rei Liniers ocorreria na própria capital. No final de 1808, foi tramada uma conspiração para sua deposição, liderada por Martín de Alzaga, um poderoso comerciante natural da Espanha, ex-participante da guerra de expulsão dos britânicos do Rio da Prata e membro do *ayuntamiento* de Buenos Aires. O movimento aglutinava uma variada oposição a Liniers. O golpe estava planejado para ocorrer em 1º de janeiro de 1809, dia em que tradicionalmente ocorria a eleição dos membros do *ayuntamiento*, que deveria ser tomado por uma junta de governo inteiramente formada por espanhóis peninsulares e que derrubaria o vice-rei. O movimento, porém, foi controlado a tempo, graças à ação de tropas leais ao vice-rei, comandadas por Cornélio de Saavedra, outro destacado ex-participante da campanha antibritânica. Seus líderes – além de Alzaga, Esteban Villanueva, Olaguer Reynals e Juan Antonio de Santa Coloma – foram presos e exilados na Patagônia. No dia 8 de janeiro, a junta central de Aranjuez – que por esta altura já estava em Sevilha – foi reconhecida em Buenos Aires.

A partir desse momento, o Vice-Reino do Rio da Prata se encontraria mais ou menos na mesma situação de toda parte. Em 1808, o realismo acabou sendo reforçado, mas desde então, o ambiente estaria não apenas cada vez mais propício à quebra da ordem vigente: estaria também cada vez mais condicionado pelos acontecimentos da América portuguesa, que naquele ano se constituíra em uma vizinhança com a qual, para bem ou para mal, os habitantes do Rio da Prata teriam que lidar. E a recíproca era verdadeira.

O violento nascimento de um gigante: os Estados Unidos

No começo do século XIX, a população total dos Estados Unidos era de pouco mais de 7 milhões de habitantes (atualmente são 300 milhões), e seu território, embora fosse muito menor do que hoje em dia, vinha crescendo vertiginosamente, em um processo que se voltaria à conquista de territórios indígenas e também hispânicos. Em meio às guerras européias, os Estados Unidos encontrariam novas oportunidades de potencializar seu crescimento econômico e territorial, mas sua história, ao longo das primeiras seis ou sete décadas do século, seria ainda a de uma conflituosa construção de uma unidade política que, em 1808, ainda estava longe de ser definitiva.

Sob dois governos sucessivos de Thomas Jefferson, entre 1800 e 1809, os Estados Unidos adotaram uma postura neutra em relação aos conflitos europeus reabertos em 1803, mas com uma clara inclinação a cooperar com a França e contra a Grã-Bretanha. Foi assim que, naquele ano, Jefferson e Napoleão acordaram a aquisição da Louisiana pelos Estados Unidos, por uma pechincha de 15 milhões de dólares, cerca de 3 milhões de libras esterlinas. A venda era interessante a Napoleão, que temia que esta servisse de base a operações navais britânicas, o que dificilmente ocorreria sob o governo estadunidense. Do ponto de vista de Jefferson, a aquisição garantia ao seu país uma imensa faixa territorial que ia do golfo do México até as fronteira com as possessões britânicas (hoje Canadá) e as litigiosas hispano-britânicas (Oregon), correspondente a cerca de uma dezena dos atuais Estados daquele país.

Um outro ponto importante da política norte-americana dizia respeito à economia, diretamente ligada à escravidão. Por essa época, o principal gênero de produção dos Estados Unidos era o algodão, exportado para a Grã-Bretanha sobretudo pelos portos de Nova Orleans, Mobile, Savannah e Charleston. Os Estados Unidos exportavam também trigo, milho e madeira para construções navais, gênero que ganharia mercados com as guerras européias a partir de 1803. Para se ter uma idéia: em 1790, os valores totais das exportações dos Estados Unidos eram de 20 milhões de dólares; em 1807, chegavam a 108 milhões de dólares.

Além da compra da Louisiana, o governo de Jefferson estaria atento a outras possibilidades de crescimento da economia norte-americana abertas pela guerra. Como diretriz geral, procurava manter uma boa relação entre os diferentes Estados que compunham a República, sendo que dentre suas muitas diferenças, uma das mais salientes estava na utilização ou não da escravidão africana. A postura governamental foi a de procurar evitar intervenções diretas em assuntos considerados de foro específico dos Estados, incluindo o da mão-de-obra. O próprio Jefferson era oriundo de um ambiente escravista, a Virgínia, sendo também senhor de escravos. Nessa perspectiva, sua gestão se voltou contra o tráfico negreiro, cuja abolição passou a ser concebida como forma de reforçar a união entre as partes, já que dentro dos Estados Unidos havia condições de promoção de um crescimento vegetativo de africanos e de afrodescendentes. Também havia a consciência da necessidade de se reduzir a dependência da economia norte-americana em relação a mercados externos em uma época de grandes conflitos mundiais (já que os Estados Unidos não controlavam fontes fornecedoras de mão-de-obra africana). Por fim, era uma questão de segurança, já que o Haiti e as revoltas de escravos, tão comuns em todo o Caribe e nos próprios Estados Unidos, pareciam controláveis com a extinção da importação e com a diminuição da mistura de escravos de diferentes culturas, vindos de diferentes regiões.

À sua maneira, os políticos norte-americanos seguiam o exemplo britânico, tratado no capítulo 1, onde o fim do tráfico era, antes de tudo, uma questão política pragmática, jamais uma questão pautada por nobres sentimentos de humanidade. Acabar com o tráfico era, assim, uma forma de tornar os Estados escravistas ainda mais solidamente escravistas, e de desenvolver a economia de uma nação em expansão. O tráfico já vinha sendo extinto em vários Estados de maneira gradativa, mas não de forma absoluta. Em março de 1807, uma resolução definitiva foi tomada, com a aprovação pelo Congresso norte-americano de uma lei que proibia, em qualquer Estado, a importação de escravos africanos.

166   A CORTE E O MUNDO

Foi aprovada por ampla maioria (113 votos a favor e apenas 5 contra, sendo que estes apenas queriam sanções mais pesadas àqueles que descumprissem a nova lei). A lei começou a vigorar em 1º de janeiro de 1808, no mesmo momento da lei britânica.

A análise que do tema fez o historiador Robin Blackburn é elucidativa. Segundo ele, a abolição do tráfico foi, no primeiro dia de sua vigência, saudada pelos principais jornais dos Estados Unidos com um "silêncio discreto", evitando-se qualquer reiteração de diferenças entre Estados escravistas e não-escravistas: "embora outros atos abolicionistas provocassem as autocongratulações mais extravagantes, esta foi verdadeiramente a Abolição Silenciosa". Para Blackburn, "os que guiavam o destino da República Imperial desejavam sinceramente evitar a desonra, a violência, as complicações e a instabilidade da participação contínua no tráfico atlântico de escravos. Jefferson não desejava inchar o tamanho da população negra; sabia muito bem que ela dobrava a cada 25 anos sem importação alguma". Por isso, conclui, "atribuir significado antiescravista à supressão do comércio de escravos ou fazer qualquer algazarra a este respeito só teria envergonhado políticos e proprietários do Sul" (Blackburn: 2002, p. 307-308).

Em 1808, o governo dos Estados Unidos estava atento às possibilidades de se beneficiar com os acontecimentos mundiais. A redução da dependência da economia em relação à Europa poderia dar-se não apenas com a extinção do tráfico negreiro mas também com o incremento do comércio com as colônias espanholas da América. Cabia, portanto, também zelar para que as guerras do outro lado do Atlântico não causassem muito prejuízo. Por fim, a expansão territorial tornava imperativo o estabelecimento de boas relações com os povos indígenas. Em sua mensagem de despedida da presidência, dirigida ao Senado e ao Congresso em 8 de novembro de 1808, Jefferson ofereceu uma boa síntese dessas preocupações, destacando o último ponto:

> Com os nossos vizinhos Índios se tem conservado uma paz inalterável [...]. E geralmente convencidos de que nós os consideramos como parte

de nós mesmos, e que prezamos, com sinceridade, os seus direitos e interesses, se fortalece mais e mais a afeição das Tribos Indianas; e esta afeição se estende das mais próximas às mais remotas, e amplamente nos compensará isto a justiça e amizade que praticamos com eles [...]. Também o Comércio com os Índios que vivem dentro dos nossos limites receberá, mui provavelmente, abundante alimento da mesma fonte de recursos internos, e lhes segurará a paz e o progresso de civilização, que não será perturbado por práticas hostis a ambos.

Porém, a expansão que, muitas décadas depois, garantiria aos Estados Unidos a posição de principal potência mundial ainda conheceria muitos episódios. Para ficar apenas no século XIX, a "paz inalterável" com os índios a que se referia Jefferson em 1808 se transformaria em uma política de extermínio; o alargamento do território dependeria de guerras contra Grã-Bretanha e o México; e a coesão entre os Estados escravistas e não-escravistas se mostraria tão frágil a ponto de levar à sanguinolenta Guerra de Secessão, entre 1861 e 1865.

De todo modo, em 1808, com a abolição do tráfico, a escravidão cresceu em todos os Estados que a utilizavam, que eram sobretudo os do sul: Virgínia, Geórgia, Carolina do Norte, Carolina do Sul. A escravidão se tornava, aos olhos de todos, "mais segura", e sua utilização não dependia mais das flutuações dos mercados externos. Aumentaria também a inserção de gêneros norte-americanos nos mercados mundiais, incluindo o principal deles, o algodão, cultivado com mão-de-obra escrava. Em 1808, os Estados Unidos já eram uma potência importante.

Por fim, cabe lembrar que o fechamento de um outrora grande mercado consumidor de homens não significaria o fim dessa atividade em escala global, sequer sua sensível diminuição. Os traficantes ainda gozavam de mercados favoráveis, alguns inclusive em franco crescimento. Como a América portuguesa, de D. João e sua Corte.

Considerações finais

Depois de tudo o que foi dito, seria redundante afirmar que o ano de 1808 teve um significado histórico ímpar, e que esse significado não se concentra no episódio da transferência da Família Real portuguesa para o Rio de Janeiro. Ou que os acontecimentos daquele ano, aqui narrados, devem ser ampliados para além dele, compreendidos como partes de transformações que envolveram todo o mundo ocidental. O impulsor colonizador que tomou conta da Europa a partir dos séculos XV e XVI foi responsável pela conexão global dos continentes em um nível até então desconhecido, mas fatos como a instalação de um monarca europeu em uma (agora ex) colônia revelariam que, no começo do século XIX, essa conexão mudava profundamente de feição. Assim, os acontecimentos daquele fatídico ano, de muitas e variadas maneiras, colocaram os coevos no "olho do furacão".

No Velho Mundo, a caminhada do colosso despertava adesões, mobilizava resistências e ocasionava fugas, fazendo com que, por toda parte, as coisas se mexessem e a ordem política tradicional, já abalada em seus alicerces, desabasse de vez em vários cantos. No Novo Mundo, o imediato reforço dos laços tradicionais de vassalagem entre portugueses e espanhóis, ao mesmo tempo em que a ordem colonial caducava, parecia despertar expectativas mais otimistas em relação ao futuro. Mas, por toda a parte, o mundo de cada homem e mulher que, à sua maneira, experimentava uma forte sensação de mudança, se alargava, não cabia mais nos seus limites tradicionais. Era como se aquilo que começara a ser compartilhado por muitos com o início das grandes revoluções políticas, em fins do século XVIII, dissesse respeito a muitos outros mais em 1808.

No Rio de Janeiro, um dos vários centros privilegiados de onde se poderia vivenciar tais mudanças, a abertura dos portos, a Imprensa Régia, a intensificação dos tráficos, as novas possibilidades de colocação econômica e social, o alargamento das discussões políticas, as ameaças à ordem, tudo isso fazia com que a atuação dos coevos se pautasse, cada vez mais, no acompanhamento do que ocorria no mundo para além da cidade. A América, a Europa e a África (a Ásia ainda não tanto) interessavam. As mercadorias e as pessoas circulavam; com elas, livros, jornais, panfletos, idéias, boatos, temores, perspectivas...

De viagem pelo interior da América portuguesa, John Luccock registrou uma ocasião, em 1808, em que jantava à mesa com dois negociantes de Cuiabá que, "tendo feito muitas perguntas sobre as coisas de Portugal e suas guerras, acerca dos ingleses e dos franceses, disseram finalmente: 'Bem, no nosso canto do mundo, nunca até agora ouvíramos falar nas guerras européias; e até bem pouco tempo atrás nem mesmo supúnhamos que houvesse sobre a face da Terra alguém mais além de portugueses, espanhóis e gentios'" (Luccock: 1975, p. 254). O mundo se tornava, ao mesmo tempo, maior e mais próximo; o cotidiano, acelerado e incerto, muitas vezes dramático. A consciência dessas mudanças era condição de sobrevivência, bem como pressuposto para atuação e transformação desse mesmo mundo em expansão.

Duzentos anos depois, com o brutal encurtamento das distâncias geográficas, com a explosão dos suportes de informação e com a manutenção da progressiva aceleração do tempo coletivo vivida em toda parte, a consciência desse estado de coisas perdeu força operativa, viu-se enfraquecida como ferramenta de atuação social? Se a resposta – como acreditamos – é *não*, então até mesmo o olhar contemporâneo sobre o passado deve levar isso em conta qualquer que seja o lugar do mundo onde estejamos.

BIBLIOGRAFIA

Capítulo 1

ALEXANDRE, Valentim. *Os sentidos do Império: questão nacional e questão colonial na crise do Antigo Regime português*. Porto: Afrontamento, 1993.

ARTOLA, Miguel. *Historia de España: la burguesia revolucionaria. (1808-1874)*. Madri: Alianza Editorial, 1997.

BLACKBURN, Robin. *A queda do escravismo colonial 1776-1848*. Rio de Janeiro/São Paulo: Record, 2002.

FONTANA, Josep. *La crisis del Antiguo Régimen 1808-1833*. Barcelona: Editorial Critica, 1979.

GODECHOT, Jacques. *Europa e América no tempo de Napoleão (1800-1815)*. São Paulo: Pioneira/Edusp, 1984.

GUERRA, François-Xavier. *Modernidad e independências: ensayos sobre las revoluciones hispánicas*. México: Editorial Mapfre/Fondo de Cultura Económica, 1992.

LANDAVAZO, Marco Antonio. *La máscara de Fernando VII: discurso e imaginário monárquicos en una época de crisis. Nueva España, 1808-1822*. México: El Colegio de México/Universidad Michoacana de San Nicolás de Hidalgo/El Colegio de Michoacán, 2001.

MARTIRÉ, Eduardo. *1808. Ensayo histórico-jurídico sobre la clave de la emancipación hispanoamericana*. Buenos Aires: Instituto de Investigaciones de Historia del Derecho, 2001.

172   A CORTE E O MUNDO

SHAW, Stanford. *History of the Ottoman Empire and Modern Turkey*. Cambridge: Cambridge University Press, 2002. vol.1.

Documentos citados no capítulo

Correio Braziliense ou Armazém Literário (edição fac-similar). São Paulo/ Brasília, Correio Braziliense/Imprensa Oficial, 2001. 29 vols.

Capítulo 2

Brasil

COSTA, Wilma Peres. "Do domínio à nação: os impasses da fiscalidade no processo de Independência". In: JANCSÓ, István (org.). *Brasil: formação do Estado e da nação*. São Paulo/Ijuí: Hucitec/Fapesp/Unijuí, 2003. p. 143-193.

CUNHA, Manuela Carneiro da. *Legislação indigenista no século XIX*. São Paulo: Edusp/Comissão Pró-Índio, 1992.

GOUVÊA, Maria de Fátima. "As bases institucionais da construção da unidade. Dos poderes do Rio de Janeiro joanino: administração e governabilidade no Império luso-brasileiro". In: JANCSÓ, István (org.). *Independência: história e historiografia*. São Paulo: Hucitec/Fapesp, 2005. p. 707-752.

LEITE, Glacyra Lazzari. *Estrutura e comportamentos sociais: Pernambuco em 1817*. São Paulo: FFLCH-USP, Tese de Doutorado, 1976.

LENHARO, Alcir. *As tropas da moderação: o abastecimento da Corte na formação política do Brasil: 1808-1842*. 2ª ed. Rio de Janeiro: Secretaria Municipal de Cultura, Turismo e Esportes, Depto. Geral de Documentação e Informação Cultural, 1993.

LOBO, Eulália Maria. *História do Rio de Janeiro: do capital comercial ao capital financeiro*. Rio de Janeiro: IBMEC, 1978. 2 vols.

MENZ, Maximiliano M. *Entre dois impérios: formação do Rio Grande na crise do Antigo Sistema Colonial (1777-1822)*. São Paulo: FFLCH-USP, Tese de Doutorado, 2006.

PIMENTA, João Paulo G. *O Brasil e a América espanhola (1808-1822)*. São Paulo: FFLCH-USP, Tese de Doutorado, 2003.

PIÑERO, Théo Lobarinhas. *"Os simples comissários": negociantes e política no Brasil Império*. Rio de Janeiro: Universidade Federal Fluminense, Tese de Doutorado, 2002.

SLEMIAN, Andréa. *Vida política em tempo de crise: Rio de Janeiro (1808-1824)*. São Paulo: Hucitec, 2006.

SPOSITO, Fernanda. *Nem cidadãos, nem brasileiros: indígenas na formação do Estado nacional brasileiro e conflitos na província de São Paulo (1822-1845)*. São Paulo: FFLCH-USP, Dissertação de Mestrado, 2006.

África

CURTO, José C. *Álcool e escravos: o comércio luso-brasileiro do álcool em Mpinda, Luanda e Benguela durante o tráfico atlântico de escravos (c. 1480-1830) e o seu impacto nas sociedades da África Central Ocidental*. Lisboa: Vulgata, 2002.

DIAS, Jill R. "Relações portuguesas com as sociedades africanas em Angola no século XIX". In: ALEXANDRE, Valentim (coord.). *O Império africano: séculos XIX e XX*. Lisboa: Colibri/UNL, 2000. p. 69-92.

FLORENTINO, Manolo. *Em costas negras: uma história do tráfico de escravos entre a África e o Rio de Janeiro*. São Paulo: Companhia das Letras, 1997.

LAW, Robin (ed.). *From slave trade to 'legitimate' commerce: the commercial transition in nineteenth century West Africa*. Cambridge: Cambridge University Press, 1995.

MATTOS, Regiane Augusto de. *História e cultura afro-brasileira*. São Paulo: Contexto, 2007.

Documentos citados no capítulo

Correio Braziliense ou Armazém Literário (edição fac-similar). São Paulo/ Brasília: Correio Braziliense/Imprensa Oficial, 2001. 29 vols.

LUCCOCK, John. *Notas sobre o Rio de Janeiro e partes meridionais do Brasil*. São Paulo/Belo Horizonte: Edusp/Itatiaia, 1975.

174 A CORTE E O MUNDO

VEIGA, Manoel Luís da. *Analyse dos factos praticados em Inglaterra, relativamente às propriedades portuguesas de Negociantes rezidentes em Portugal, e no Brasil* e das *Reflexões políticas, sobre o estabelecimento dos Negociantes ingleses no Brasil*. Londres: W. Glendinning, 1808.

Capítulo 3

Bahia

PINHO, Wanderley. *A abertura dos portos: Cairu, os ingleses, a independência*. Salvador: Publicações da Universidade da Bahia, 1961.

SILVA, Ignácio Accioli de Cerqueira e. *Memórias históricas e políticas da Província da Bahia*. Bahia: Imprensa Official do Estado, 1931. v. 3.

SILVA, Maria Beatriz Nizza da. *A primeira gazeta da Bahia. Idade d'Ouro do Brazil*. Salvador: Edufba, 2005.

SOUZA, Maria Aparecida Silva de. *Transformações políticas e relações de poder na Bahia (1815-1824)*. São Paulo: FFLCH-USP, Relatório de Qualificação (Doutorado), 2007.

TAVARES, Luís Henrique Dias. *História da Bahia*. São Paulo/Salvador: Edunesp/Edufba, 2001.

VEIGA, Cláudio. *Um brasileiro soldado de Napoleão*. São Paulo: INL/Ática, 1979.

Minas Gerais

CHAMON, Carla Simone. *Festejos imperiais: festas cívicas em Minas Gerais (1815-1845)*. Bragança Paulista: Edusf, 2002.

LIBBY, Douglas Cole. *Transformação e trabalho em uma economia escravista: Minas Gerais no século XIX*. São Paulo: Brasiliense, 1988.

SILVA, Ana Rosa Cloclet da. *Identidades em Construção: o processo de politização das identidades coletivas em Minas Gerais: 1792 a 1831*. São Paulo: IEB/USP, Relatório final Pós-Doutorado (Fapesp), junho de 2007.

São Paulo

LEITE, Rosângela Ferreira. *Nos limites da colonização: ocupação territorial, organização econômica e populações livres pobres (Guarapuava 1808-1878)*. São Paulo: FFLCH–USP, Tese de Doutorado, 2006.

MEDICCI, Ana Paula. *Entre a "decadência" e o "florescimento": a Capitania de São Paulo na interpretação de memorialistas e autoridades públicas (1782-1822)*. São Paulo: FFLCH–USP, Dissertação de Mestrado, 2005.

MARCILIO, Maria Luiza. *Crescimento demográfico e evolução agrária paulista 1700-1836*. São Paulo: Hucitec/Edusp, 2000.

PETRONE, Maria Thereza Schorer. *A lavoura canavieira em São Paulo: expansão e declínio (1765-1851)*. São Paulo: Difusão Européia do Livro, 1968.

Rio Grande

MENZ, Maximiliano M. *Entre dois impérios: formação do Rio Grande na crise do Antigo Sistema Colonial (1777-1822)*. São Paulo: FFLCH–USP, Tese de Doutorado, 2006.

Goiás

GARCIA, Ledonias Franco. *Goyaz, uma província do sertão: entre o signo da unidade nacional e a força do isolamento*. São Paulo: FFLCH–USP, Tese de Doutorado, 1999.

PALACIN, Luis. *Goiás, 1722-1822: estrutura e conjuntura numa capitania de minas*. Goiânia: Departamento Estadual de Cultura, 1972.

Mato Grosso

GARCIA, Romyr Conde. *Mato Grosso (1800-1840): crise e estagnação do projeto colonial*. São Paulo: USP, Tese de Doutorado, 2003.

LENHARO, Alcir. *Crise e mudança na frente oeste da colonização*. Cuiabá: UFMT, 1982.

Pernambuco

LEITE, Glacyra Lazzari. *Estrutura e comportamentos sociais: Pernambuco em 1817*. São Paulo: FFLCH-USP, Tese de Doutorado, 1976.

COSTA, Francisco Augusto Pereira da. *Anais pernambucanos*. Recife: Arquivo Público Estadual, 1951-1966. 10 vols.

Maranhão

SANTOS, Maria Januária Vilela. *Insurreições e Balaiada (1755-1853): consciência escrava na sociedade do Maranhão do século XIX*. São Paulo: FFLCH-USP, Tese de Doutorado, 1980.

LIMA, Carlos de. *História do Maranhão*. s/l.: s/ed., 1981.

Pará

MACHADO, André Roberto de A. *A quebra da mola real das sociedades: a crise política do Antigo Regime português na Província do Grão-Pará (1821-25)*. São Paulo: FFLCH-USP, Tese de Doutorado, 2006.

BAENA, Antônio Ladislau Monteiro. *Compêndio das eras da Província do Pará*. Belém: Universidade Federal do Pará, 1969.

SOUZA Jr., José Alves de. *Constituição ou revolução: os projetos políticos para a emancipação do Grã-Pará e a atuação política de Fillipe Patroni (1820-1823)*. Campinas: Unicamp, Dissertação de Mestrado, 1997.

Dados gerais de população

UHLE, Ana Rita (et al). *Brasil Pré-Censitário (1500-1872): números sobre a escala dos homens no povoamento*. São Paulo: Relatório de Iniciação Científica, Departamento de História, FFLCH-USP (Orientação: István Jancsó), 1998.

Documentos citados no capítulo

As Câmaras municipais e a Independência. Rio de Janeiro: Arquivo Nacional, 1973.

ESCHWEGE, Wilhelm Ludwig von. *Pluto Brasilienses*. São Paulo/Belo Horizonte: Edusp/Itatiaia, 1979.

LUCCOCK, John. *Notas sobre o Rio de Janeiro e partes meridionais do Brasil*. São Paulo/Belo Horizonte: Edusp/Itatiaia, 1975.

MAWE, John. *Viagens ao interior do Brasil*. São Paulo/Belo Horizonte: Edusp/Itatiaia, 1979.

SOUZA, Marcos Antonio de. *Memória sobre a capitania de Serzipe: sua fundação, população, produtos e melhoramentos de que é capaz (1808)*, 2ª. ed. Aracaju: Dep. Estadual de Estatística, 1944.

VIANNA, Hélio. *Notas à...* História Geral do Brasil de Francisco de Adolfo Varnhagen, 10ª ed. São Paulo/Belo Horizonte: Edusp/Itatiaia, 1981. v. 3.

Capítulo 4

Geral

GODECHOT, Jacques. *Europa e América no tempo de Napoleão (1800-1815)*. São Paulo: Pioneira/Edusp, 1984.

GUERRA, François-Xavier. *Modernidad e independências: ensayos sobre las revoluciones hispánicas*. México: Editorial Mapfre/Fondo de Cultura Económica, 1992.

LYNCH, John. *Las revoluciones hispanoamericanas*. Barcelona: Editorial Ariel, 2001.

PIMENTA, João Paulo G., *O Brasil e a América espanhola (1808-1822)*. São Paulo, FFLCH-USP, Tese de Doutorado, 2003.

ROMERO, José Luis e ROMERO, Luis Alberto. *Pensamiento político de la emancipación*. Caracas: Ayacucho, 1977. 2 vols.

SÁNCHEZ-ALBORNOZ, Nicolás. "The population of colonial Spanish America". In: BETHELL, Leslie (ed.). *The Cambridge History of Latin America*. Cambridge: Cambridge University Press, 1989. v.2. p. 3-35.

178   A CORTE E O MUNDO

Nova Espanha

ÁVILA, Alfredo. *En nombre de la nación: la formación del gobierno representativo en México (1808-1824)*. México: Taurus/Cide, 1999.

LANDAVAZO, Marco Antonio. *La máscara de Fernando VII, discurso e imaginario monárquicos en una época de crisis. Nueva España, 1808-1822.* México: El Colegio de México/Universidad Michoacana de San Nicolás de Hidalgo/El Colegio de Michoacán, 2001.

Cuba

BARCIA, María del Carmens (et al.). *Historia de Cuba: la Colonia: evolución socio-económica y formacción nacional de los orígenes hasta 1867*. Havana: Politica, 1994.

KUETHE, Allan J. *Cuba, 1753-1815: Crown, Military, and Society.* Knoxville: The University of Tennesse Press, 1986.

NAVARRO, María Dolores González-Ripoll. "Entre la adhesión y el exílio: trayectoria de dos cubanos en una España segmentada (1808-1837)". In: PIQUERAS, José A. (ed.). *Las Antillas en la era de las Luces y la Revolución*. Madri: Siglo XXI, 2005. p. 43-363.

Santo Domingo

LEVENE, Ricardo. *História das Américas*. Rio de Janeiro/São Paulo/Porto Alegre: W.M. Jackson Inc., 1954. v. 7.

Nova Granada e Quito

CALDERÓN, María Teresa e THIBAUD, Clément (coords.). *Las revoluciones en el mundo atlántico*. Bogotá: Taurus/Universidad Externado de Colombia/Fundacion Carolina, 2006.

MORELLI, Federica. *Territoire ou nation? Équateur, 1765-1830.* Paris: L'Harmattan, 2001.

QUINTERO, Inés. *La Conjura de los Mantuanos*. Caracas: Universidad Católica Andrés Bello, 2002.

SAETHER, Steinar A. *Identidades e independencia en Santa Marta y Riohacha, 1750-1850*. Bogotá: ICANH, 2005.

SILVA, Renán. *Los ilustrados de Nueva Granada 1760-1808: genealogía de una comunidad de interpretación.* Medellín: Fondo Editorial/Universidad Eafit, 2002.

Venezuela

IZARD, Miguel. *El miedo a la revolucion: la lucha por la libertad en Venezuela (1777-1830).* Madri: Editorial Tecnos, s/d.

QUINTERO, Inés. *La Conjura de los Mantuanos.* Caracas: Universidad Católica Andrés Bello, 2002.

Peru

PERALTA RUIZ, Victor. *En defensa de la autoridad: política y cultura bajo el gobierno del virrey Abascal: Peru 1806-1816.* Madri: Consejo Superior de Investigaciones Científicas/Instituto de Historia, 2002.

Chile

COLLIER, Simon. *Ideas and Politics of Chilean Independence, 1808-1833.* Cambridge: Cambridge University Press, 1967.

Rio da Prata

AZEVEDO, Walter Alexandre. "A missão secreta do marechal Curado ao Rio da Prata (1808-1809)". In: *Revista do Instituto Histórico Geográfico Brasileiro.* Rio de Janeiro: IHGB. vol. 192. julho-setembro de 1946. p. 173-206.

FREGA NOVALES, Ana. "Tradicion y modernidad en la crisis de 1808. Una aproximacion al estudio de la Junta de Montevideo". In: CURES, Oribe e BEHARES, Luis Ernesto (orgs.). *Sociedad y cultura en el Montevideo colonial.* Montevidéu: Universidad de la Republica/Intendencia Municipal de Montevideo, 1997. p. 283-294.

180　A CORTE E O MUNDO

GOLDMAN, Noemí (dir.). *Nueva Historia Argentina: revolución, república, confederación (1806-1852)*. Buenos Aires: Editorial Sudamericana, 1998. t. 3.

HALPERIN-DONGHI, Tulio. *Revolución y guerra: formación de una elite dirigente en la Argentina criolla*. Buenos Aires: Siglo XXI, 1994.

STREET, John. *Gran Bretaña y la independecia del Rio de la Plata*. Buenos Aires: Paidós, 1967.

WILLIAMS, John Hoyt. *The rise and fall of the Paraguayan Republic, 1800-1870*. Austin: University of Texas Press, 1979.

Estados Unidos

BLACKBURN, Robin. *A queda do escravismo colonial 1776-1848*. Rio de Janeiro/São Paulo: Record, 2002.

Documentos utilizados no capítulo

ARANGO Y PARREÑO, Francisco. *Obras*. La Habana: Imagen Contemporânea, 2005. vol.1.

Gaceta de Caracas. Caracas: Academia Nacional de la Historia, 1983 (ed. fac-similar, 10 tomos).

LUCCOCK, John. *Notas sobre o Rio de Janeiro e partes meridionais do Brasil*. São Paulo/Belo Horizonte: Edusp/Itatiaia, 1975.

MIRANDA, Francisco de. *Textos sobre la Independencia*. Caracas: Biblioteca de la Academia Nacional de la Historia, 1959.

Política lusitana en el Río de la Plata – Colección Lavradio. Buenos Aires: Archivo General de la Nación, 1961. t.1.

Este livro foi impresso no outono de
2008 pela Prol Gráfica.